等一朵 **花开**

一位幼儿教师的研与思

中国海洋大学出版社

·青岛·

图书在版编目（CIP）数据

等一朵花开：一位幼儿教师的研与思 / 孙磊磊著 . —青岛：中国海洋大学出版社，2023.7

ISBN 978-7-5670-3563-8

Ⅰ . ①等… Ⅱ . ①孙… Ⅲ . ①学前教育—教学研究 Ⅳ . ① G612

中国国家版本馆 CIP 数据核字（2023）第 128879 号

出版发行	中国海洋大学出版社
社　　址	青岛市香港东路23号　　邮政编码　266071
网　　址	http：//pub.ouc.edu.cn
出 版 人	刘文菁
责任编辑	郑雪姣　　　　　　　电　　话　0532-85901092
电子信箱	zhengxuejiao@ouc-press.com
印　　制	青岛至德印刷包装有限公司
版　　次	2023 年 7 月第 1 版
印　　次	2023 年 7 月第 1 次印刷
成品尺寸	170 mm × 230 mm
印　　张	12.125
字　　数	185 千
印　　数	1000
定　　价	69.00 元
订购电话	0532-82032573（传真）

发现印装质量问题，请致电 13336399618，由印刷厂负责调换。

等一朵花开

——一位幼儿教师的研与思

草在发芽，树在长大，

静静地聆听，风轻盈地吹过枝桠。

陪伴孩子成长，

如同等一朵花开。

等一朵花开，需要什么，

需要很多的爱，

需要很多的耐心，

需要静静地等待……

草会发芽，树会长大，

生命的芬芳，在这一隅次第绽放，

或馥郁，或淡雅，或清新。

慢慢地等待孩子长大，

用心体验每一段历程，

如同花草树木，

随四季更替蓄力、拔节、舒展……

等一朵花开，

总是可期。

目录

初心，那些课程的故事

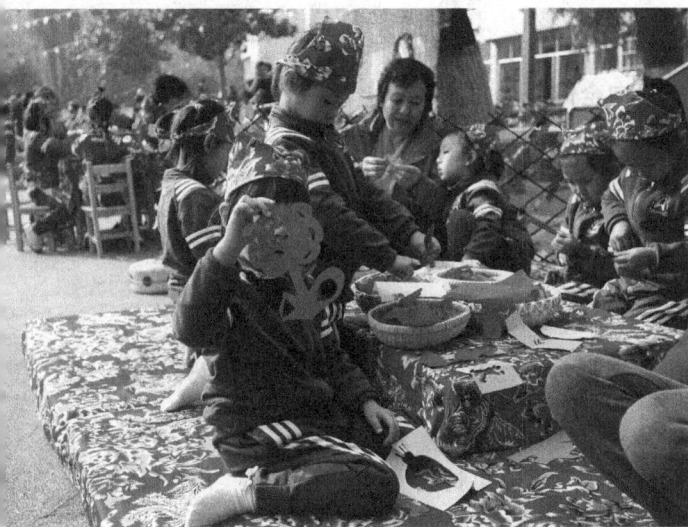

一定要爱着点什么，恰似草木对光阴的钟情。

来，一起来，倾听那些课程的故事……

紧把园本之脉 贴地而行做课程

随着当前我国幼儿园课程改革的推进，园本课程开发及建设已成为幼儿园课程改革的热点问题和幼儿园发展的关键问题。因此，幼儿园实施园本课程建设既是实施素质教育和课程改革的必然要求，也是不断提高幼儿教育质量的必然诉求，更是幼儿园可持续发展的必然举措。所以，在园本课程建设的过程中我们必然要本着"量力而行，稳步前进，大胆创新，追求实效，落脚幼儿"的原则实践探索。

一、园本课程的实践原则

（一）把好"幼儿"之脉：面向全体，全面发展

幼儿具有好动、好奇、好问、好游戏等天性，教育的使命就是充分尊重和顺应幼儿的天性，倾听幼儿内心的声音，为他们营造开放的学习和体验环境，给予幼儿自由自主的想象和创造的机会，满足幼儿多方面发展的需要。因此，我们的"绿色教育"课程本着"幼儿为本，全面发展"的原则，尊重幼儿发展规律和个体差异，在实施教育的过程中关注每一个孩子发展的需要，力求实现幼儿的全面发展。

（二）把好"课程"之脉：适用、实用、可持续

园本课程是以园为本的课程，"本"指基础、现状、背景等反映幼儿园现实的因素。在园本课程建设中我们依据本园的教育状况、幼儿的实际以及家长、社区的要求进行内生性的课程开发。这样开发出的园本课程才能适用、实用。园本课程的形成是逐步完善的过程，要根据幼儿的发展状况、身边资源的改变等与时俱进，做出更加科学、合理的调整，使之更趋完善。通过创设新课程、完善旧课程的动态化管理，整个幼儿园的课程不断优化、园本化、合理化、可持续化。

（三）把好"途径"之脉：多元、立体、有活动性

课程实施是课程方案付诸实践的过程，因此课程实施是关键。首先，我们将教师、幼儿家长作为课程实施的主体，实现课程主体的多元化。其次，完善课程实施途径，实现"一日生活即课程"的立体化途径，将幼儿的发展落脚到一日生活中。

二、园本课程的建设实践

（一）把好"制度"之脉，做到"两个保证"

制度是课程领导力的载体。我们通过多种途径，不断完善课程的制度体系，以此来为课程的实施保驾护航。

1. 突出园长领导力，保证课程实施的科学化。

实践过程中，园长课程领导力是园本课程发展的关键因素，因此需要不断加强园长的课程领导力。园长在课程建设及实施过程中应不断提升其规划、执行、建设和评价的能力。基于此，在实践中园长深入课堂、深入活动、深入反思，扎根实践，贴地而行，始终做到在一线了解情况，在一线解决问题，在一线落实责任，在一线创造经验，在一线融合感情，在一线树立形象。这样才能不断提高园长在课程建设中的领导力，保证课程实施的科学化。

2. 完善课程管理三级网络，保证课程管理的立体化。

在课程管理上做到目标明确、层级清楚、互联共通，才能形成合力，保障课程的实施。幼儿园建立班级、级部、园级三级课程管理网络，并运用"一扩一减"的方法，对课程制度进行修改完善。扩大课程修订人员的范围，拓展参与途径，减删重复及烦琐的制度和流程。

通过这种方法，幼儿园逐渐形成了包括课程方案修订制度、课程资源库管理制度、课程评价制度在内的系列制度。在课程建设中注重交流与沟通，及时获取信息与反馈，进行有效调控和调整，保障课程实施质量。

（二）把好"教研"之脉，做到点、线、面"三位一体"

要想提高幼儿园教育质量，增强课程实施的科学性，必须抓住幼儿园课程生命线之本：不断提升教师的专业化水平。为此，我们创建了多元化的园本教研平台，发挥点、线、面式的辐射作用，借此提高教师的专业素养，增强课程实施过程中的科学性。

1. 点：问题式教研捕捉课程聚焦点，实现课程的优化。

在课程实施过程中，教师发现问题，形成课程聚焦点，通过教研共同体展开问题式教研，帮助、引导教师分析问题、解决问题。这种问题聚焦式教研，引领教师梳理已有经验，将零散的认识和思考系统化、条理化，在行动中研究、成长，不断提升教师的课程实施力。问题有的来自幼儿活动，有的来自教师实际研究。例如，每年新生入园前，小托班的教师最头疼的是怎样帮助幼儿迅速度过焦虑期？如何缩短适应性教育的时间？问题一旦聚焦，我们马上制订切实可行的教研方案，组织教师学习《宝宝初入园幼儿入园适应教育读本》，以级部为单位进行研讨，做好入园前家访，开好新生入园家长会，消除家长的焦虑，做好新生入园半日活动对接，消除幼儿的陌生感等。同时将读本中的主题活动与园本课程中的"我上幼儿园"进行融合，达到完善的境界。

2. 线：案例式教研串起课程需求点，实现课程的再生长。

案例式教研关注教师的实际需求，对在教育实践中遇到的具体问题和事件开展以典型案例研究为主题线的互动式研讨活动。研讨中启发教师从还原案例入手，通过分析案例，展开专题式、课题式研究，在研究中不断增强教师的问题意识、研究意识和反思意识，实现课程的再生长。例如，在组织参加市体育集体活动的过程中，我们发现教师对于体育活动的组织还存在很多疑惑，为此我们推出了"一班一课，一课四研"活动，让教师共同选择、打造一节体育集体教学活动，对体育教学中目标的制定、教材的挖掘、教学方法的运用等方面进行细化研究。这种一线式的活动，促使教师在观摩中对比、反思自己的教学行为，在讨论中优化活动方案，从而提高全园教师研究集体教学的时效性和积极性。

3. 面：多元化教研拓展课程价值点，实现课程的创新。

创新方式，才能激活思维，迸发出创造的火花。我们创新教研方式，开展了主题式、论坛式、体验式、循环式、跟进式、思维导图等多元化的教研活动，将课程实施过程中生发出的价值点衍生成有价值的课程研究点，激活教师教学研究思维，实现课程的创新。例如，在"主题背景下结构游戏有效指导"的主题式教研中，在深入分析结构游戏本质与特征的基础上，通过脉络清晰、逐层递进、环环相扣的渐进式活动，理清对架构游戏的理解和认识，并提炼出了渐进式结构游戏指导策略。多元化的教研方式，达到了使教师思维碰撞、水平提升的效果，也为课程价值点的拓展与创新带来了契机。

另外，为了调动教师参与课程构建、研究与实施的积极性，我们从幼儿园课程实施的制高点、薄弱点入手，打破级部、园所、领域界限，推出"一师一友一徒"。幼儿园根据需要，设立活动区、户外游戏、环境创设、沙盘游戏、家庭教育等多个专题教研组，以及语言、美术、科学、社会等多个专题学科工作坊，由幼儿园名师或业务骨干担任教研组组长或学科工作坊主持人，此为"一师"。"一友"，则由教研组组长或学科工作坊主持人选拔或指定两名在此领域或学科内有兴趣、有特长的骨干教师，辅助进行专题研究。"一徒"，是年轻教师或新入职教师依据自己的发展或研究方向，与主持人之下的两名骨干教师对接，根据双方互相选择的原则，确立师徒关系，结对子，同研究，共成长，一名师傅可带多名徒弟。

如此，由名师这一点，到骨干教师这两条线，再辐射到全园教师这一张网，从而形成全员参与教学研究、人人都有方向发展的教育教学研究的良好态势。

（三）把好"资源"之脉，做到多元、立体、有活动性

在课程建设与实施过程中，我们本着开放的原则，在调动本园教师参与课程建设与实施的基础上，广纳家长与社区资源，为课程注入活力，使园本课程更能贴近幼儿的生活，保证课程的特色化、科学化和可持续发展。

1.融合家长资源，延展课程实施渠道。

家长是基本的教育者，孩子的成长是家长和教师共同的责任，而家长的参与对课程的建设在客观上可以起到弥补课程实施的不足，促进家园共育的作用。立足幼儿园以往的成功做法，我们进行了"双拓展"，让家长成为园本课程的构建者、课堂教学的实施者，紧密家园关系，汇聚教育资源合力，形成实验强力发展之势。

在实施过程中，我们强调家长参与课程的重要性。只有当家长真正成为课程的参与者，家长才能从中获益。课程建设是幼儿园、幼儿、教师及家长四方共赢的过程。有家长助教团、亲子俱乐部、专题沙龙等参与方式。参与方式灵活，群体特征突出，实现幼儿园与家庭的完美对接。

我们还抓住各种节庆契机，让多彩的亲子活动成为课程实施强大的助力。家园联谊会、家园双向交流会、毕业典礼、亲子游戏、幼小衔接家园交流会等，精彩纷呈，让绿色教育课程更加立体、饱满，有力打造了骨干群、精英群和雁阵群。

2.吸纳社区资源，丰富园本课程内容。

《幼儿园教育指导纲要》指出："充分利用社区的教育资源，引导幼儿适当参与社会生活，丰富生活经验，发展社会性。"社区内的自然环境、人文景观、公共设施、普通劳动者以及公益活动等，都是幼儿学习的内容，都可以为幼儿营造广阔的、自由发展的学习空间。具体做法如下：（1）社区人文环境成为课程实施的助推剂。例如，国庆节前后带领幼儿到历史博物馆参观，到部队参观，进行爱国主义教育。（2）社区自然环境成为课程实施的润滑剂。例如，春季带幼儿到植物园观察花开；秋季带幼儿走进农贸市场，认识各种蔬菜、水果，让幼儿了解科学、认识自然；大班走进南京路小学，为幼小衔接做好准备；带幼儿参观啤酒厂，在参观过程中，幼儿观看了啤酒的制作流程，感受到工人们一丝不苟、勤勉努力的工作态度，既丰富了幼儿的认识，又增强了幼儿的责任意识。

（四）取得的成效

在绿色教育的研究和实施过程中，我们不仅看到孩子们的成长，教师的提升，更收获着绿色教育的成果：幼儿园新修订的课程方案获山东省优秀课程资源一等奖；青岛市"十二五""基于家文化建设、促进幼儿社会性发展"课题成功结题，申报了教育部"卓越教师素养"和中国教育学会"绿色教育园本课程的开发与利用"课题。幼儿园的"幼儿园管理的情感化""生活活动的自主化""教育活动和区域活动的游戏化""安全教育的精细化"被中国教育报、半岛都市报、今日平度、平度教育网信息平台报道。先后有5名园长和教师被评为山东省"互联网+"促进教师专业化成长工作坊主持人、特级教师、齐鲁和青岛市名校长工作室主持人，有62名教师荣获山东省优秀指导教师、青岛市学科带头人、青岛市教学能手、青岛市专业技术人才、青岛市优质课、全国NOC大赛一等奖、省课件制作一等奖、平度市教学能手、平度市学科带头人等。26篇论文在国家、省、市刊物上发表或获奖；幼儿园的主题活动"有趣的皮影戏"被评选为青岛市精品园本课程；《家园携手下幼儿入园焦虑适应性研究》发表于《现代教育》，《关注教师专业素养，引领教师梯队化成长》在青岛市做经验交流，先后出版发行了《幼儿园家文化课程教育探究》《幼儿园户外教育课程》《幼儿园管理探究》等图书；《基于"家"文化建设，促进幼儿社会性发展的行动研究》入选青岛市基础教育教学成果重点培育项目并被推选为省资源。

内涵发展是一个永恒的主题。在课程建设与实施的过程中，我们也深深地体会到，紧把园本之脉，贴地而行，进一步体现出开放性、创新性的优势，立足孩子的发展，把握园本课程的广度、力度和温度，才能赢得家长的认可，赢得孩子的发展，赢得教育梦想的实现！

潜心研究 实实在在做课程

课程是指实现教育目标的各种因素，包括教材、教师、学生、家长以及学校、家庭和社区中有利于教师、学生发展的各种资源。对孩子而言，只要有利于孩子的发展，一日活动皆课程；对教师而言，专业化成长皆课程；对园所而言，品牌建设、园所文化和群众满意度皆课程。

一、幼儿的发展

对百名幼儿的调查结果显示：70%的幼儿在生活中存在不良的行为习惯，如挑食、自理能力差、依赖性强的生活习惯，专注力不强、缺乏探究精神的学习习惯，害怕承担责任，缺乏谦让、合作与分享精神，体能锻炼不够，女孩太强势，男孩不勇敢。

分析以上问题，原因有以下几点：一是家庭教育和环境存在着很大的差异，导致幼儿的行为习惯也迥然不同。二是家长焦虑、父亲教育的缺失、祖辈教育的替代等社会普遍存在的教育问题。三是家长对幼儿的保护过度，不敢放手。

（一）优化一日活动，撬动幼儿习惯培养的支点，实行"四步走"

幼儿的习惯培养如同细雨润物，潜滋暗长。在一日活动环节优化的过程中，幼儿园以大教研的方式，实行"四步走"：通过梳理问题，解惑（深入班级排查、梳理问题）—座谈交流，对话（骨干教师交流班级一日活动中的做法，寻找对策）—培训观摩，研析（分管领导培训并带领班级实施）—总结提升，反思（观摩优秀班级，反思提升，在全园范围内实施），使教师统一思想和认识，步伐一致，最终实现教育活动游戏化、生活活动自主化、户外活动多元化、区域活动趣味化的优化目标。

（二）激活多种资源，激发课程实施的生长点，体现"三化"

课程实践中，幼儿园从盘活课程资源入手，激发课程生长点，提升课程的创造力和活力。

1. 根植本土资源，拓展多元化课程。

本土资源蕴含着独特丰富的教育价值，幼儿园将课程根植于本土，还原于幼儿活动，拓展课程内容。在这一点，幼儿园主要从室内和户外两个方面入手。

一是挖掘本土资源的独特性。平度的历史悠久，文化蕴藏深厚，千百年传承积淀下来的民间传统文化内容丰富、门类齐全。幼儿园依托资源优势，结合当地民俗、艺术文化、各班级实际，分别以剪纸、扎染、陶泥、木版年画等为主线开展了区域游戏活动，做到活动主题统一，班级特色鲜明。在原汁原味的生活场景中，满足幼儿自主学习、自由探索与创造的需要。

二是还原本土资源的原味性。广博的平度大地蕴含着许多有趣又好玩的游戏，幼儿园要寻找这些富有特色的游戏与幼儿发展的契合点。比如，在幼儿园户外场地的设计上突出"野趣、童趣、家乡味"，将美食一条街设立在郁郁葱葱的树林间；用泥土堆砌小土坡，种植小树林，架设奇形怪状的秋千架；设计"泥土区"，引导幼儿"摔泥娃娃""画石头"；"民间艺术展"和"平度小吃"隔街相望，红花布铺就的大炕上，以便幼儿扎染、剪纸，蓝花布装饰的台面上，以便幼儿做馒头、卡巧饼、磨豆腐……动作发展了，身体强健了，积极探索的精神也得到有效培养。

幼儿园还成立了"民间游戏研讨小组"，主要负责收集和推广适合幼儿园幼儿发展的民间游戏和素材，深入班级跟踪游戏活动，定期举行研讨交流会。大量的适合幼儿又富有童趣的民间游戏应运而生，例如，棋类游戏有三六九、闯井、过五棍等，手工类游戏有草编、剪纸、手绣、玩泥巴等，竞技类游戏有跳绳、踢毽子、挑棍、打陀螺、跳房子、翻绳等。幼儿园将游戏有机渗透一日活动的各个环节当中，有效锻炼了幼儿的动手动脑能力、运动能力、协作能力，可谓玩出了智慧。

2. 活化绘本阅读资源，创生特色化课程。

阅读是幼儿园课程研究的一项特色内容。在绘本阅读活动中，幼儿园巧妙运用绘本资源，生成主题活动，为课程注入活力。一是活用绘本，创生传统文化主题。筛选蕴含传统节日、节气、民间文化、文明礼仪、经典传说等的绘本资源，融入主题，进行传统文化启蒙教育。如以绘本《团团圆圆》为载体生成中秋节主题活动，让幼儿了解中国的亲情文化；利用二十四节气绘本开展"春天的小花园"等季节性主题活动，让幼儿感受、探索大自然的变化。二是活用绘本，生成特色主题。如小班以幼儿喜欢的《花格子大象》绘本为载体，生成"艾玛的化装节"主题活动，开展了"我喜欢的大象艾玛""和艾玛交朋友""快乐的化装舞会"等系列活动，在趣味浓浓的主题中加深幼儿对色彩的认知，体验交朋友的喜悦。绘本与主题有效融合，激发课程的活力。

3. 巧融特色活动，丰盈生活化课程。

幼儿园将绿色特色活动开展与课程紧密融合，同生共赢，让课程变得立体、丰满。一是巧融传统节庆活动。幼儿在节日文化的浸润中，收获了丰富的经验，并在解决问题的过程中获得成长。例如，在端午节幼儿和教师共同包粽子的活动中，看重的并非只是简单机械地掌握包粽子的技能，为什么要泡粽叶？淘米的水为什么会变白色？糯米和大米有什么区别？幼儿和教师遇到了许多看似简单但值得探究的问题。另外，淘米水总是会弄湿地板？包粽子时米总会掉得满地都是，粽子叶上究竟放多少米才合适？活动过程中幼儿还会遇到许多困难和问题，而教师不会因此认为活动"一团糟"，而是敏锐地捕捉到问题带来的契机，帮助、支持幼儿自主地解决这些难题。因此，幼儿在这个活动中不仅包了粽子、了解了中国传统文化，还在测量水、称量米等解决问题的过程中，获得了直接的经验和成功的体验。二是巧融绿色阅读节活动。借助一年一届的绿色阅读节，开展图书义卖活动、传统故事会、传统文化体验馆等丰富多元的活动，开展创意戏剧展演、童话展示秀等活动，形成园本阅读特色课程。三是巧融绿色运动节活动。以运动与健康为主题，以幼儿的动作发展为核心，依托主题活动、亲子运动俱乐部等载体，开展亲子运动会、小小足球赛、我是功夫小明星、花样跳绳等活动，拓展丰富幼儿园户外活动特色。

（三）细解主题活动，实现课程建设内涵式发展

1. 优势互补，选取内容。

主题实施前，级部内教师针对主题内容进行协商、研讨，在明确每一个主题的核心价值后，根据自己的特长与优势，以个人、班级或小组形式选择、领取自己的重点研究项。这一环节是在集智备课的基础上，级部老师明确主题价值—选取内容—确定重点的过程。它使教师在主题实施过程中逐渐找到自己的优势领域，进而进行更为深层次的研究，为课程的顺利实施提供了保障。

2. 观察调控，组织实施。

这是级部主任进行任务分解—组织实施—关注过程—推进活动的过程。教师选取的内容一旦确立，就要进行深入的研究和实施，如果以小组为单位，小组负责人就要将计划分解、落实到每位成员身上。这一过程中，幼儿园关注的是主题实施的质量和主题目标的达成，引导教师关注幼儿在主题中的发现和发展，并随时对幼儿突发的兴趣进行判断，调整方案、生成活动。

3. 智慧共享，优化主题。

这一环节是各个领选教师设计主题实施方案—集体研讨审议—确定最优方案—展示分享的过程。各个学科或内容的领选教师会利用小集备教研活动，向大家介绍自己的实施思路或指导策略，整合大家的智慧和优势，确定最优主题实施方案。对于实施过程中特别突出的教育活动或区域活动，级部主任会统一调控，进行小范围的观摩展示。例如，在大班组织主题活动"我是小小营养师"中，大三班王建老师领先的区域活动设计新颖，大班级部主任组织了级部内的观摩活动，引发各班级对于此主题活动的深层次探讨。

4. 反思提升，完善主题。

这一环节是小结反思—梳理提升—成果分享—修订主题的过程。主题实施接近尾声，级部负责人或主题领选教师对本主题实施情况进行小结、反思，撰写主题实施总结报告，提出对于此主题的修改意见，同时收集所有相关资料，列出清单、目录，打包上交给课程资源库，为下一年主题实施提供借鉴和资料支持。学期末组织主题分享交流活动，使教师在分享、借鉴中进一步反思。

二、教师的发展

新入职教师的研究意识、研究能力不强，他们对教科研工作的认识存在误区，认为那是专家、学者和名师去做的事情，产生"高处不胜寒"的畏惧感。教师的专业化成长水平亟待提高。

分析以上问题，原因有以下几点：一是园所发展迅速，教师缺少历练和锻造机会；二是教师的年龄结构不均衡，青年骨干教师缺乏；三是90后一代的家庭环境大都比较优越，他们在思想、工作和生活上安于现状，缺乏自我提升的动力。

（一）园长亲历，顶层设计，体现在三个"深"字

1. 深度学习，提升无止境。

欲穷千里锦绣图，还须凭高作远瞩。一个好的园长，应该是教师的人生

规划师和专业成长导师。为此，园长带领管理人员先后阅读了《校长悄悄做的那些事》等30余本教育图书，提升自己的教育理论素养；利用业余时间自学教育心理书籍，多次赴深圳、浙江、北京等地学习先进的教学理念，扩展教育视野，做好榜样的引领。

2. 深研课程，坚持教学一线。

只有深入课堂，才能了解课程、理解童心。园长带领管理人员亲临教育一线讲课、听课、评课，担任班主任，了解教师的教育情况和幼儿的成长情况，及时解决教育中存在的问题；积极参与教科研活动，主动担负起课题研究的重任；带领教师边学习边研讨，指导教师在教研活动中学会观察幼儿，研究幼儿，更新观念，改进教学。

3. 深耕管理，实施项目引领和"3127"工作模式。

有人说，"一个好园长成就一所好幼儿园"。但是，一个好园长还要带出一个好的管理团队，才能成就一所好幼儿园。为了保证三个园的共同发展，幼儿园推出了"3127"工作模式。"3"即"三宽"理念：宽厚、宽广、宽松；"1"即围绕幼儿发展这一个中心，"2"即打造教师和家长两支队伍，"1""2"合起来就是幼儿园的12个项目组：党建德育、教育教学、后勤服务、资源宣传、师资培训、班级管理、安全保障、文体卫生、家庭教育、信息技术、环境创设、心理健康；"7"即课程建设、顶层设计人才培养、幼小衔接、运动校园、多元化办园工程、特色+品牌发展、联盟学校一体化发展项目工程。

（二）名师带动，团队聚力

1. 扬骨干教师实力。

幼儿园充分发挥名师、学科带头人、教学能手的骨干力量，让他们担任课题组长、教研组长，负责课题的选题计划的制订、目标的落实等，要求他们身先士卒。在教研活动中，借助"骨干直播"方式，让他们轮流主持；通过"骨干教师示范课""一课多研""同课异构"等形式搭建平台；发挥榜样引领作用。

2. 给青年教师动力。

创设青年教师发展平台。指导青年教师发挥自身优势，鼓励他们参加各种优质课、公开课评选，担任"草根"课题主持人，为他们组建"智慧团队"，让他们带领团队开展自主研究。园长再忙也要抽出时间关注青年教师，尤其是新教师。通过入园前与每位新教师谈理想、一月后谈体会、一学期后谈个人收获、一学年后谈班级工作的方法，达到激其志、察其思、促其行、验其能的目的。

成立教师互助平台。通过调查摸底筛选出教师感到困惑的典型问题，园长和有经验的老师组成研究小组，共同研究并寻找解决方式。例如，针对青年教师与家长的沟通上存在的问题，幼儿园选派经验丰富的官芝娴主任和教师进行了座谈交流，现身说法，让教师了解有效的沟通技巧，并实行捆绑式教学：一师二徒、结对子等。

（三）优化教研，全员参与，创新三大方法

1. 聚焦问题法。

为了及时解决教师园本实践中的问题，幼儿园以问题为导向聚焦问题、解决问题，采用"专题式"案例教学实战演习等方式。例如，针对"一日活动流程的优化与研究""户外游戏中材料的投放"等问题，做到"两有四确定"，即研究做到有专题、有实效，定时间、定地点、定内容、定人员，着力整合协同各条线力量，实现课程的合力共创，加大教师实施课程的内驱动力。

2. 情境体验法。

体验是最好的老师，主动是学习的最高境界。为了让教师深入了解课程内涵，幼儿园进行了情境体验式学习。教师利用真苹果、塑料苹果、线条苹果、苹果字，探索课程中苹果的多种玩法；体验从实物苹果到塑料苹果、线条苹果、苹果字不同材料引发不同的结果。通过"设计名片"，使教师真正体验到真实的、充足的、多样化、适宜的材料才能引发幼儿的主动思维，从而避免课程中的空讲与泛谈。

3. 案例分享法。

幼儿园通过"园长论坛""名师讲坛""教育论坛""我的教育故事"积极地向教师推送和分享；利用班级展示、经验交流、学期末主题实施分享等途径，激发思想碰撞，挖掘教师的潜能。打造教师的优势学科、优势领域，推动每一名教师的专业成长。

三、园所的发展

春华秋实，岁物丰成。幼儿的成长迅速、教师的专业提升、群众满意度的不断提高使实验幼儿园形成了自己的品牌特色。幼儿园以家文化建设为切入点，以绿色教育课程的建设为载体，不断实现新突破。幼儿园的队伍越来越壮大，青岛市名校长、名师工作室打开了对外交流的窗口。平度市教研协作体的成立，打造了园所发展共同体，形成了发展新格局。

用智慧开启智慧，用心灵呵护心灵，勇于创新，敢于探索。让绿色教育品牌进一步绽放异彩！绿色教育课程的研究永远在路上！

绿色教育课程建设的创新与绽放

"绿色教育"作为一种有文化底蕴、有理念支撑、有民族特色的价值取向，已成为众多园所实现内涵发展的重要途径。近几年来，我们立足于课程建设，不断改进创新推出了"5+3+N"模式，实现了绿色教育课程的绽放。

一、管理求真：以"三个精致"为魂，彰显课程的时代内涵

（一）铸魂：精致园所文化

园所文化是幼儿园所特有的，并为多数成员共同遵循的价值标准、基本信念和行为规范。我们在边实践边探索的过程中，开启了培养人、成就人的培养目标，形成了基于家文化下的开放的绿色教育课程特色。

（二）凝心：精致课程新坐标

第一，坚持以课程内容为载体，打造精准中层干部队伍，精致课程内容，完善课程体系，做到接地气、脚踏实地。

第二，以共育为目标，提升课程实施的号召力、向心力。把教师、家长、幼儿凝聚起来，共育是基础，幼儿发展是目标。

第三，深化教师队伍做法，把教师凝聚起来，建立一个务实、管用的形式和载体，助课程多元发展。

（三）聚力：精致课程发展

第一是"知情"，掌控发展的主动权。知情就是将课程的"内容、途径、评价"等情况放在心上、抓在手中，实践中要做勇于创新，积极适应新

形势，研究新问题，把握新动向。

第二是"知难"，不畏困难，做好表率。这里的"难"是指课程建设和发展中的问题。首先要做的就是要进一步提高思想认识，要找出不足、总结经验，保证思想上行动上的高度自觉。要把精气神全部凝聚到工作上来，变成工作的动力、工作的干劲，转化为实际行动，积极为幼儿园课程发展做出更大的贡献。

二、培养求实：以三个群体为着力点，走稳课程发展之路

我们立足园本课程建设，以三个群体为着力点，实行顶层设计，启动新旧动能转变，给予平台，开放共享，带动全园不同层次、不同需求教师的发展，为课程的可持续发展提供人力支持和智力支持。

（一）名师团队：专业引领，辐射带动

我们有一支专业素质过硬的名师团队，涵盖省"互联网+教师专业发展"工程专题、学科工作坊主持人、齐鲁名师培训工程、青岛市名校长工作室主持人、名师工作室主持人等多个层次。幼儿园充分发挥名师梯队的示范、辐射、引领作用。名师结合自己的专长分别对接多媒体教学、游戏观察与评价、集体活动教学策略等内容，通过讲座培训、示范观摩、现场指导进行具体引领，专项对接充分发挥他们的特长，实现教师专项技能快速提升，从而促进教师高起点、快收益的专业成长，让实验幼儿园成为人才创新的孵化基地。

（二）青年教师：智慧模仿，实现创新

青年教师由于经验少，在一日生活组织中存在很多问题和困惑。在实践中我们狠抓三个环节：（1）薄弱环节。聚焦青年教师在教育教学过程中的薄弱环节进行强化。例如，青年教师不会组织常规工作，不知道如何将教育理念和教育目标落实到一日活动的各个环节中，可以让他们每周半日观摩、跟踪级部组长的半日活动，让他们在模仿的过程中，实现创新。（2）跟岗学

习。让青年教师与优秀教师结对，跟岗学习。例如，学习优秀教师如何与家长沟通。（3）跟进指导。落实园长、业务园长跟踪日制度，坚持推门听课，深入班级指导教学，帮助新青年教师发现问题、聚焦问题，寻找问题解决的策略，通过有针对性的多样化的案例教学研究，让青年教师尽快适应、提高、发展，进而实现创新人才的培养。

（三）骨干教师：精益求精，专业促优

我们根据专业型教师教学经验丰富，发展潜力大的特点，努力为教师搭建一个学习、交流、展示的平台。例如，为打造教师个人教育风格，我们推出"一师一优科"，鼓励教师选择自己擅长的学科，研究教学策略和方法，打磨教学过程和亮点，形成自己的教学特色，成为学科型专家。幼儿园教师崔园园的故事教学、焦志梅的诗歌教学、于文文的小班美术教学经过打磨和历练，都形成了自己的教学风格，并取得了一定的成绩。

三、研究求深：以三条线为本，点亮课程创新之源

（一）常规性教研——关注"绿色课程"的整体性

幼儿园的常规性教研，以集体备课为主要形式。在集体备课的管理上，幼儿园实行三级负责制。园本教研指导小组把握总目标，提出具体要求；以年级组为单位的学科备课组主要把握教材的确定、教学内容的选择，选取适合幼儿特点、兴趣、认知发展水平的教学内容；班级两名教师根据主题方案共同研究制订囊括班级区域活动、户外活动、生活活动等内容的周计划。这种多层次的教研体系，较好地体现教师的教学个性，使教学工作更加符合幼儿成长的实际。

（二）案例式教研——关注"绿色课程"的层次性

我们发现，教师的教育理念、专业发展情况千差万别，要帮助教师提高专业能力，就必须把他们置于相应的教学情境中加以磨炼。为此，我们推出了"案例教学法"。

1.现场案例教研。

主要通过一课多研、专题听课、半日活动跟踪等方式，现场观摩，现场校验。

（1）聚焦问题—突出方法改进。例如，针对班级活动区设置统一化、雷同化的问题，我们组织老师观摩了李莹老师的班级主题活动"独特的我"。李老师结合幼儿活动详细讲解了如何根据本班幼儿的实际情况，寻找主题活动中与自己班级实际契合的点，对接幼儿的最近发展区，从而有目的地规划区域设置、投放游戏材料；老师们观摩后结合班级情况进行对比、交流、分析、总结，在边观摩、边研讨、边实践的过程中，课程实施水平不断提升。

（2）聚焦榜样，突出示范引领。例如，教育活动中教师如何接好幼儿抛过来的"球"？以怎样的方式抛回给幼儿更有利于幼儿发现问题、提出问题？教师回应能力和策略如何调整？为此，我们组织老师观摩了崔园园、焦志梅等骨干教师的教育活动，通过观察、分析和交流，达成共识：有效的互动策略应该包括教师的敏锐观察、教师有目的的提问、教师的智慧应答，教师不可或缺的爱心等。这样，达到了上一课、带一片的效果。

2.DV视频再现案例教研。

在园本教研活动中，我们还利用视频技术，把教师组织的活动拍摄下来。针对问题选段观看、回放、研讨，其优点是真实、细致、开放。在解决游戏指导时教师跟不上的问题时，我们采用了回放视频、选择"定格"的方式，分析幼儿在游戏中那些稍纵即逝的动作和表情以及所反映出的幼儿的心理动向、能力与目标的差距，帮助教师更好地找到指导点。例如，搭建"家乡的火车站"时，浩浩小朋友在活动中看似很忙但始终没有搭成车站，显得很沮丧，没有成功的体验感。为找出原因我们采取了回放视频的方法，发现他在30秒的时间内换了3种材料搭火车站的地基，没有完成又被表演区的音乐吸引过去，最后在活动区分享他不高兴，没有举手交流，但表情是渴望成功的。这一细节反映了浩浩对材料的认识程度低，搭建机能弱，做事没有坚持性，自尊心强，教师的观察和指导没有跟上。对此，我们研究的策略是重视材料认知—丰富搭建技能，张贴搭建区展示榜。让幼儿对现有材料的质地、物体的形状进行充分了解，并丰富叠、穿、拼等技能，还将幼儿搭建的作品和照片展示出来，鼓励幼儿做事有始有终。这样真实地将活动重现、定格，帮助我们了解了细节，有利于教师在活动中更好地分析、把握幼儿的行为，从而有效地指导。

（三）课题式教研——关注"绿色课程"的发展性

课题研究的根本目的是解决一些教育教学中具有代表性的问题，既有助于改进教学水平，又有利于提高教育质量。例如，每年新生入园前，小托班的教师最头疼的是怎样帮助幼儿迅速度过焦虑期？如何缩短适应性教育的时间？针对这些问题，小班级部申报了《家园携手下的幼儿入园焦虑适应性研究》的市级小课题，通过学习《宝宝初入园幼儿入园适应教育读本》，以级部为单位进行研讨—家访、家长会前置，消除家长焦虑——做好新生入园半日活动对接，消除幼儿的陌生感—创设温馨环境、设计趣味活动"四步走"的方式，帮助幼儿消除入园焦虑，尽快适应幼儿园。同时将读本中的主题活动与园本课程中的"我爱我的幼儿园"、新教材中的"我上幼儿园啦"进行有机融合，做到了课程与课题的同向发展。

四、课程求特：汲取精华、接地气，课程建设有声有色

（一）绿色教育课程实现幼儿发展的生活化

首先，将一日生活作为幼儿学习和课程实施的途径。例如，在加餐和午餐环节我们改变传统的教师为幼儿分餐的做法，变为幼儿自助取餐，这样一来既发展了幼儿的自我服务能力，又能渗透进餐礼仪，发展幼儿的社会性。其次，将幼儿一日生活经验纳入课程资源库。基于幼儿的生活经验，设计课程方案，重在整合、提升。例如，随着户外CS野战的普及，幼儿充满兴趣，我们就利用南园小山坡的有利地势分两次进行了改造，挖"战壕"、搭"碉堡"、拉起防护网、投放利用废旧材料改装的各种"大炮"等；后来，随着幼儿游戏的深入，结合今年远程研修专家的一节体育活动，我们又将野战与合作游戏相结合，投放了长彩绸，改良了部分场地和器械，并将"战地医院"进行延展。这一片场地成为幼儿的乐园，在此衍生的体育集体活动"我是小小野战军"也纳入了园本课程。

（二）绿色教育课程助推幼儿发展的本土化

我们不断丰富和完善绿色教育园本课程。推出了专项领选—聚焦问题—追踪研讨—完善主题—反思优化的五步策略。级部确立主题后，在共同分析新教材的基础上，各班级根据本班优势领选不同版块、学科、活动区域作为主要研究内容；在主题实施过程中，各班级针对领选的内容有目的、有重点地聚焦研究，发现问题进行记录；在周三的级部教研活动时间集中研讨，各班级针对领选问题进行深入交流，互通有无；最后在实践、反思的基础上进行再次的优化。如此，班班有重点，环环有研究，避免了全部按照新教材"一刀切"的现象，为课程的实施注入鲜活的动力。

绿色教育课程建设过程中，我们还注重挖掘乡土资源中适宜的课程资源，开发资源中蕴含的丰富教育内容。例如，中班特色课程"美丽的家乡平度"涵盖了家乡风光好、家乡美食多、家乡艺术美，将特色景点、地方美食、名吃、传统文化（如剪纸、扎染）作为课程内容渗透到一日活动中，丰厚园本课程。

（三）绿色教育课程实现幼儿发展的开放化

幼儿园构建的绿色开放性课程旨在充分挖掘幼儿园、家庭、社区环境中的教育资源，让教师、家长、幼儿共同参与课程的建设。我们让家长走进幼儿园，成为园本课程的构建者、资源提供者、课程评价者和课堂教学的实施者；让幼儿走进社区，使社区人文环境成为课程实施的助推剂，社区自然环境成为课程实施的润滑剂。充分整合和利用园内、园外的多种教育资源，实现家校社共育的目标。

（四）绿色教育课程实现幼儿发展的全面化

我们建立了园领导—教研组—班级教师—幼儿家长四级评价机制，构建注重过程性评价、家园配合评价的园本评价方案，从多元的角度关注幼儿发展的各方面。第一，园领导阶段性评价各班幼儿的整体发展状况。不定期深入班级跟踪一日活动，诊断教师的教育行为，给予具体、有操作性、有针对性的指导。第二，级部开展主题实施后集体反思评价活动。各级部在主任带领下，针对在实施过程中有困惑的主题活动进行集体反思评价。在反思评价中记录主题活动中不适宜幼儿发展的目标、内容，结合教学实践经验，集思广益，尝试对课程进行调整和修改，进一步完善课程内容。第三，借鉴青岛市教材的主题评价框架和内容，根据幼儿园的实际，全面规范园本课程中的主题评价。主题活动结束，幼儿园将组织教师、家长针对主题活动目标，逐一与幼儿进行交流并以表格形式记录交流内容。第四，有效发挥幼儿评估手册在课程评价中的作用。针对幼儿发展存在的个体差异，利用评估手册对幼儿自身进行过程性和动态性的纵向发展评价。

五、成果求硕：激扬砥砺奋进的磅礴力量促课程多元绽放

行走在绿色教育的路上，我们也不断收获着美好的景致。

幼儿园先后被评为山东省家庭教育示范基地、青岛市十佳幼儿园；承接"山东省家校社共育未来"家庭教育高端论坛现场观摩；举行了平度市特色课程开放活动、平度市实验教研协作体教师技能展示活动；中国学前教育研究会"十三五"立项课题开题论证会成功召开；《幼儿园绿色教育课程资源开发与利用》顺利开题；《家园携手下幼儿入园焦虑适应性研究》发表于《现代教育》；《关注教师专业素养，引领教师梯队化成长》《紧把园本之脉，贴地而行做课程》在青岛市、平度市做经验交流，先后出版发行了《幼儿园家文化课程教育探究》《幼儿园户外教育课程》《幼儿园管理探究》等图书。

在今后的工作中，我们将不忘初心，乘势而上，脚踏实地，集思广益，立足孩子的发展，把握园本课程的广度、力度和温度，厚植实验幼儿园的优势和特色，不断创新，实现新时代绿色教育之梦！

中班主题活动：有趣的皮影戏

一、主题活动设计意图

《3～6岁儿童学习与发展指南》（以下简称《指南》）中指出：艺术是人类感受美、表现美和创造美的重要形式，也是表达自己对周围世界的认识和情绪态度的独特方式。在众多中国民间艺术中，皮影戏有映射人影的特点、独特的表演动作，并与科学原理有机结合。它集说、唱、演为一体，具有深厚的艺术内涵和文化价值。皮影戏活动的开展不仅可以丰富教师的艺术内涵，提高教师的艺术修养，还能帮助幼儿了解更多的民间艺术形式及其文化内涵，激发幼儿对民间艺术的兴趣，培养民族自豪感。

二、主题目标

1. 初步了解中国民间艺术——皮影戏的表演形式，对皮影戏产生兴趣，喜爱皮影戏艺术。

2. 积极参与探索、调查、交流等活动，能大胆地用较连贯的语言表达自己，有进一步探讨的愿望。

3. 能积极地与同伴合作，在说一说、玩一玩、做一做的过程中积累知识，在共同制作、表演中体验合作的快乐，并从中获得成功的乐趣。

三、主题活动实施策略

1. 创设民间艺术——皮影戏的活动环境，引导幼儿主动询问、探索。

整个活动中，教师为幼儿创设一种有趣、愉悦、充满探究的教育环境，在探索、调查、交流中引导幼儿了解皮影戏是一种比较特殊的表演形式，激发幼儿的学习兴趣，萌发其好奇心。幼儿动手操作，对皮影戏有了更加直观的印象，获得有关皮影戏的经验。

2.通过观看演出、调查与访问、交流与讨论、共同制作、合作表演等多种活动形式，引导幼儿在与同伴、教师、家人和民间艺人的互动中，不断建构丰富的知识、经验，获得丰富的审美体验，促进幼儿的语言表达能力、创造能力、探究能力、思维能力、合作能力等方面的发展，培养幼儿自主、独立、勇于挑战困难的精神。

活动中，根据中班幼儿的年龄特点，调动幼儿的多种感官，使幼儿通过合作、自主、探究的学习形式，充分感知皮影戏的表演形式及放映原理，在共同制作、表演、探索中体验合作的快乐，并从中获得成功的乐趣。

3.凸显课程的整合，注重领域之间的有机结合。

活动中，教师鼓励幼儿在看一看、玩一玩、做一做的过程中表征皮影戏独特的表演形式，积累艺术知识与经验。幼儿积极参与探索、调查、交流等活动，并尝试大胆地用较连贯的语言表达自己的经验和问题，有进一步探讨的愿望。幼儿在共同制作、表演中体验合作的快乐，并从中获得成功的乐趣。艺术、语言、科学、社会在整个活动中自然渗透，真正促进幼儿全面发展。

四、主题实施内容安排

主题实施内容安排如下表所示。

活动区活动	1. 角色扮演区 皮影小剧场 能以项目小组为单位，根据故事协商分配角色、练习对话、合作尝试操作 2. 美工制作区 有趣的皮影偶 能运用牛皮纸、刮画纸、纸板、投影片、塑封膜等材料围绕剧本动手制作相应的皮影偶

活动区活动	3. 音乐表现区 舞蹈欣赏《俏夕阳》 能用身体大胆表现皮影戏动作的特点，掌握皮影戏幽默、滑稽、夸张的舞蹈造型动作 舞蹈《我们来跳皮影舞》 探索皮影舞的动作特点并尝试用身体学一学、做一做皮影舞蹈的动作 4. 语言阅读区 我想知道…… 能大胆表达自己的调查、访问结果，用比较完整、流畅的语言与同伴进行交流，体验交流、分享的快乐 5. 科学发现区 光影魔幻小屋 能比较完整、流利的语言与同伴分享交流自己的发现和想法，并能用简单易懂的符号进行表征
教学活动	教学活动 1. 我想知道……（社会） 2. 奇妙的影子（科学） 3. 快乐的皮影人（舞蹈欣赏） 4. 有趣的皮影偶（手工制作） 5. 我们来演皮影戏（综合） 6. 我们的皮影戏（半日）
户外体育活动	体育活动：踩影子 自主体育活动
生活活动	1. 活动前夕，带幼儿去民俗村看皮影戏表演，感受民间艺术的内涵和文化价值 2. 在日常生活中引导幼儿观察影子的变化 3. 在谈话活动中，引导幼儿讨论皮影戏的制作方法、表演形式等，丰富关于皮影戏的生活经验
环境创设	1. 创设民间艺术墙饰，引导幼儿用自己发现的皮影戏的由来、制作材料、流程以及表演等知识，用图片或简单的图画展示出来 2. 创设"小问号"墙饰，引导幼儿主动提出问题，大家共同查找资料，进行解答 3. 创设"发现天地"专栏，将幼儿在探索中的新发现以表格、符号记录，以图画的形式展示出来，互相交流分享
家园社区	请家长协助幼儿搜集有关皮影戏的各种图书、影音资料，帮助幼儿更好地探索，发现其中的秘密，引导他们提出问题、鼓励他们解决问题、寻找答案，并和孩子一起在家中制作简单的皮影

五、主题内容

（一）活动区活动

•••• **角色扮演区** ••••

皮影小剧场 ——— 材料

1. 演出道具：皮影偶、自制投影幕布、《孙悟空打妖怪》中的角色人物卡。

2. 自制宣传材料。

3. 演出剧目《孙悟空打妖怪》的海报。

—— **玩法与建议**

1. 以项目小组为单位，根据故事协商分配角色、练习对话、合作尝试操作。

2. 幼儿自由分配角色：售票员、宣传工作人员、服务员、演员等，项目小组自己选择故事、自编剧本、自己制作皮影偶（提前完成）、自己搭建表演台、自己排练表演。

3. 幼儿以项目小组为单位，根据故事协商分配角色、练习对话、合作尝试操作。分工合作，听取同伴意见，协商解决问题。

4. 制订宣传计划，确定宣传方式和内容，运用表演、讲解、展板等形式向他人介绍皮影戏。

5. 根据剧目情节进行表演。

────── ••• **美工制作区** ••• ──────

有趣的皮影偶 ── 材料

　　牛皮纸、刮画纸、纸板、投影片、塑封膜。

── **玩法与建议**

　　1. 能运用牛皮纸、刮画纸、纸板、投影片、塑封膜等材料围绕剧本动手制作相应的皮影偶。

　　2. 欣赏各种皮影偶，感受其形象、造型、色彩等特点，感受皮影的独特美。了解皮影偶制作的相关材料，知道各种材料的用途、皮影制作程序等。

　　3. 分项目小组活动，先选择一个文学作品作为演出剧本，围绕剧本动手制作相应的皮影偶。

────── ••• **音乐表现区** ••• ──────

舞蹈欣赏《俏夕阳》 ── 材料

　　提供《俏夕阳》舞蹈演出视频。

玩法与建议

1. 能用身体大胆表现皮影戏动作的特点，了解皮影戏幽默、滑稽、夸张的舞蹈造型动作。

2. 幼儿观察欣赏《俏夕阳》舞蹈演出视频，初步感受皮影戏舞蹈的动作要领及特点。

3. 鼓励幼儿用身体各部位大胆表现皮影戏动作的特点。

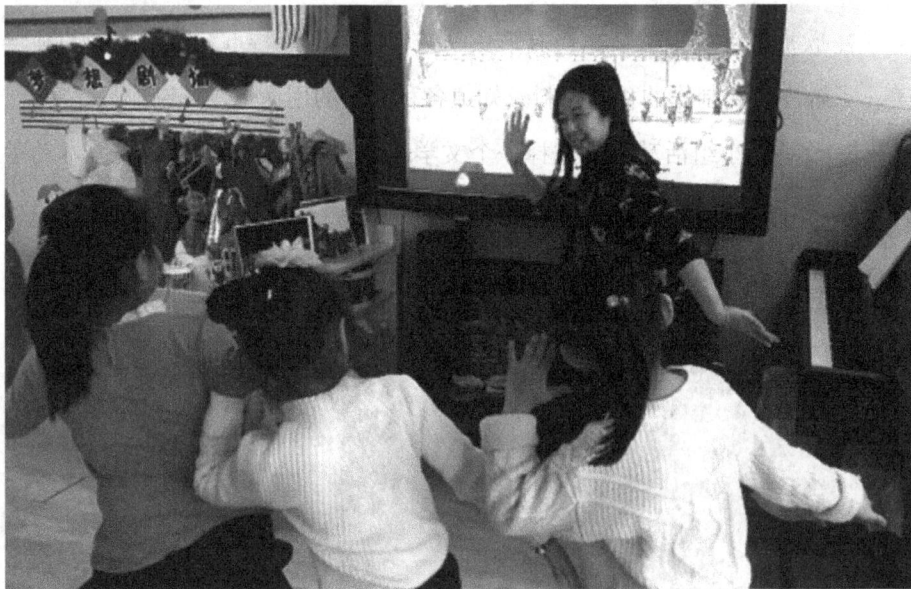

舞蹈《我们来跳皮影舞》 ——— **材料**

1. 多媒体设施。

2. 皮影舞视频、录音机、影窗。

玩法与建议

1. 探索皮影舞的动作特点并尝试用身体学一学，做一做皮影舞蹈的动作。

2. 观看皮影舞视频，欣赏皮影舞，探索皮影舞的动作特点。鼓励幼儿大胆表述皮影舞与其他舞蹈不同的表演特点：幽默、滑稽、有趣等。

3. 幼儿观察舞蹈者的脚步、动作，并尝试用身体学一学、做一做皮影舞蹈的动作。

4. 配合音乐，幼儿完整学跳皮影舞，感受皮影舞的独特魅力。

•••• 语言阅读区 ••••

我想知道······ 材料

关于皮影戏的由来、原理、制作材料、流程以及表演形式的图文资料，调查、访问表格。

玩法与建议

1. 能主动表达自己的调查、访问结果，与同伴进行交流，体验交流、分享的快乐。

2. 幼儿观看、分享关于皮影戏的由来、制作材料等的图文资料，丰富相关经验，激起对皮影戏进一步调查的兴趣。

3. 同伴讨论、协商，继续用自己熟悉的图画或简单符号进行调查记录。

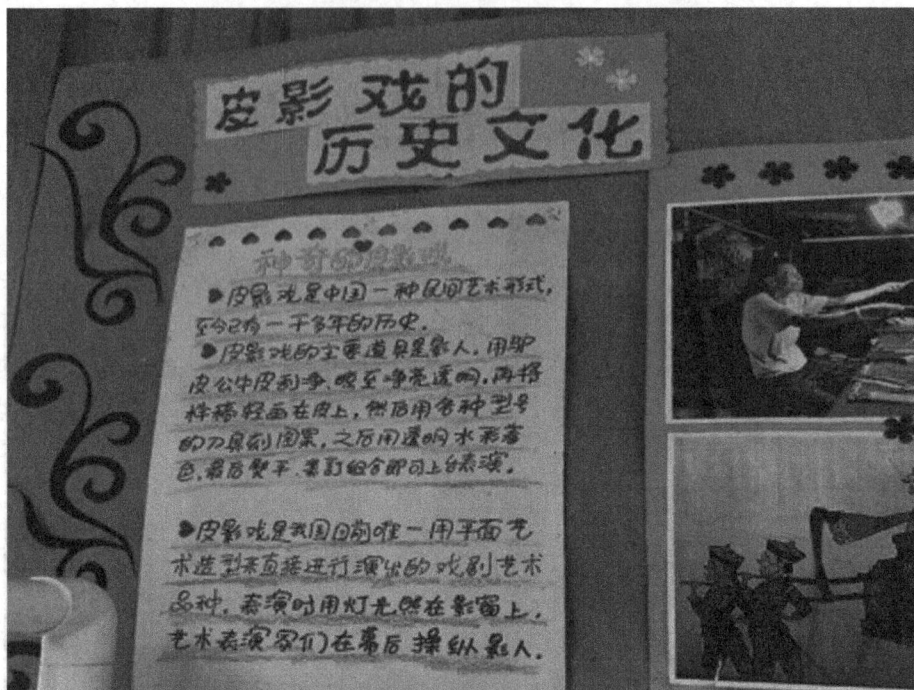

●●● **科学发现区** ●●●

光影魔幻小屋 ——— 材料

1. 营造魔幻小屋（黑暗）。

2. 手电筒、小镜子、潜望镜等。

3. "我的发现"记录表。

——— 玩法与建议

1. 能用比较完整、流利的语言与同伴分享交流自己的发现和想法，并能用简单易懂的符号进行表征。

2. 师生共同进入魔幻小屋，感受魔幻带给我们的神秘感。

3. 通过观察、记录、实验、讨论，初步了解影子的形成及其变化特点。

4. 鼓励幼儿用比较完整、流利的语言与同伴分享交流自己的发现和想法，并能用简单易懂的符号进行表征。

5. 在探究过程中，让幼儿体验合作探索的乐趣，增强成功的自豪感。

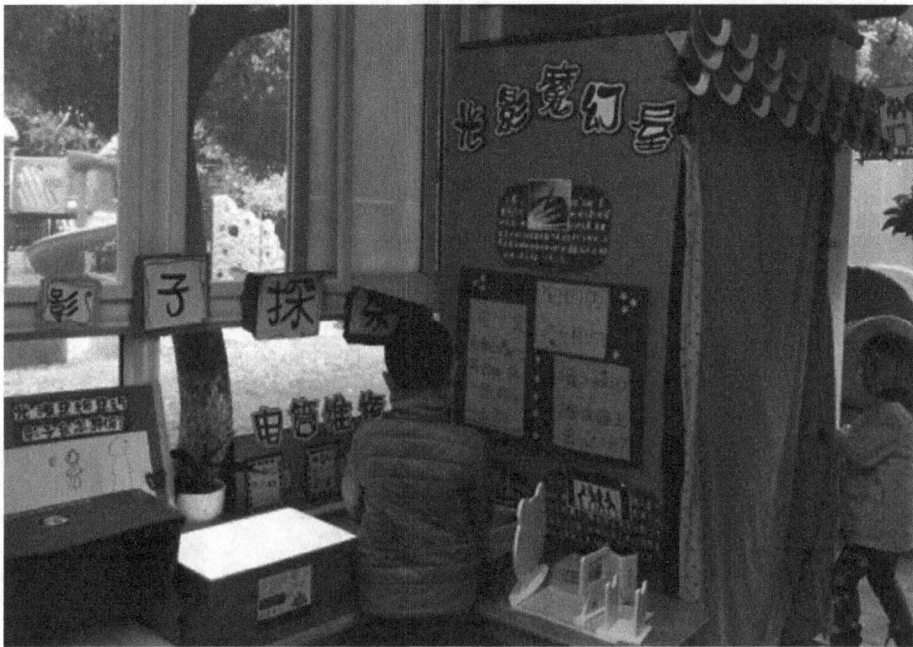

（二）教学活动

────── ●●● 活动一　我想知道……（社会）●●● ──────

──教材分析

　　皮影戏是中国一种民间艺术形式，至今已有一千多年的历史，它集说、唱、演于一体，具有深厚的艺术内涵和文化价值。活动通过邀请民间艺人进课堂、交流谈论、欣赏皮影戏，帮助幼儿了解皮影戏的由来、制作材料、流程以及表演等，激发幼儿对民间艺术的兴趣，培养民族自豪感。

──活动目标

　　1. 知道皮影戏的由来，了解皮影戏的制作材料、流程以及表演等。

　　2. 能积极提出问题进行交流讨论，并积极讲述自己的看法。

3. 萌发对民间艺术的兴趣和民族自豪感。

活动准备

1. 课前访问民间艺人，简单了解皮影戏的相关知识。

2. 准备皮影戏录像、记录表、访问表。

活动过程

1. 播放经典皮影戏曲目课件，激发兴趣。

（1）介绍皮影戏艺人，让幼儿初步了解他们的工作形式。

（2）介绍活动内容、活动日程及安排。

2. 与皮影戏艺人座谈"我想知道……"，面对面交流、分享皮影戏的相关知识。

3. 欣赏经典皮影戏曲目的录像，了解皮影戏的相关知识。

讨论、交流内容如下。

（1）皮影戏与平日我们所观看的舞蹈有什么不一样？

（2）这些人物都是怎么动起来的？

（3）皮影戏是直接在舞台上进行表演吗？它需要什么样的环境呢？

（4）你觉得皮影戏有意思吗？为什么？

4. 请皮影戏艺人介绍皮影戏的由来、制作材料、表演方式等方面的知识，加深对皮影戏的认识。

5. 幼儿与皮影艺人互动，大胆表述自己的看法，并提出问题。

（1）请皮影戏艺人现场表演一段经典曲目。

幼儿主动提出问题，皮影戏艺人解答，启发幼儿用简单易懂的图画或符号进行记录表征。

（2）皮影戏艺人提几个简单问题，鼓励幼儿根据已有经验进行解答。

6. 播放优秀皮影戏录像片段，供幼儿欣赏，让幼儿进一步了解皮影戏这种特殊的表演艺术。

活动延伸：鼓励幼儿将整个活动过程用简单易懂的图画或符号进行记录表征，激发对皮影戏进一步调查的兴趣。

————— ••• **活动二　奇妙的影子（科学）** ••• —————

—— 教材分析

与我们形影相随的影子是日常生活中常见的科学现象，也是幼儿一直感兴趣的话题：影子是怎么来的？为什么自己的影子有时长、有时短？……本活动通过实验操作了解影子的形成，引导幼儿探索影子的秘密，对影子的各种变化感兴趣，使其愿意与同伴交流、分享自己的记录与发现，体验影子变化带来的乐趣。

—— 活动目标

1. 探究影子的成因，初步了解影子的变化与光之间的关系。

2. 能合理进行光与影子关系的猜想，并乐于操作、记录、验证。

3. 对影子的各种变化产生好奇，愿意探索，大胆提问。

—— 活动准备

准备光线较暗的教室、手电筒、玻璃片、透光纸、布娃娃、剪刀、记录纸、动感音乐、音频与视频播放器。

—— 活动过程

1. 猜谜导入，激发幼儿活动兴趣。

请幼儿猜谜语：有个好朋友，天天跟我走，有时走在前，有时走在后，我和他说话，就是不开口。

2. 组织幼儿操作实验，了解影子的成因。

（1）引导幼儿回顾经验，理解影子的成因之一：光。教师结合幼儿的经验进行提问：你们都在什么地方见过影子？为什么会有影子？在什么地方没有影子？

教师小结：有光的地方有影子，没有光就没有影子。

（2）幼儿进行探索实验，发现影子的成因之二：不透光的物体遮住了光才会形成影子。

教师出示各种材料，如手电筒、玻璃片、透光纸、纸、布娃娃、剪刀，指导幼儿两人一组，用手电筒做光源，分别照射记录表中的物体，并做好记录（有影子的用对号表示）。

引导幼儿交流实验结果，并思考为什么纸、布娃娃、剪刀有影子，当光照射玻璃片、透光纸这些透光的物体时，没有影子。

小结：当光照在纸、布娃娃、小玩具这些不透光物体上时，就会产生影子，当光照射玻璃片、透光纸这些透光的物体时，没有影子，光线能穿透过去。

3.幼儿操作，了解影子的变化与光和物体的距离、位置有关。

（1）操作验证，探索影子的变化与光和物体距离位置的关系。

幼儿两人一组，用手电筒做光源，从不同距离、高低不同的角度照射布娃娃，观察布娃娃影子的大小变化，并做好记录。

（2）幼儿交流分享实验结果。

小结：当光离物体近时，影子变大；当光离物体远时，影子变小；光从低处照向物体时，物体变大；光从高处照向物体时，物体变小。

活动延伸：科学区提供各种用卡纸剪的《西游记》中人物卡片、手电筒等，组织幼儿玩皮影戏的游戏，继续探索光与影的秘密。

———— ••• 活动三　快乐的皮影人（舞蹈欣赏） ••• ————

教材分析

乐曲《快乐皮影人》是根据春节联欢晚会舞蹈节目《俏夕阳》的音乐改编而成的，幽默、滑稽，具有民族特点。乐曲的旋律轻盈，节奏感强，适合幼儿进行模仿，感受皮影舞的特点。本次活动选取了音乐中较为明快的片段，让幼儿模仿皮影人走路的基本动作，为幼儿随乐曲表现皮影人的造型和动作提供自由空间。此次活动借鉴了木偶舞的元素来为皮影舞学习做铺垫，活动中的"快乐皮影人"创造性地进行艺术化的表现。活动中，重点让幼儿尝试创造性地模仿、合作地模仿皮影人的舞蹈、各种造型和动作，在游戏情境中，引导幼儿变化方位，模仿皮影人的造型和动作。

——活动目标

1. 感受《俏夕阳》轻盈活泼的音乐旋律，了解皮影舞幽默、滑稽、夸张的特点。

2. 尝试模仿皮影人的舞蹈、造型和动作。

3. 感受舞蹈的欢快与诙谐，萌发爱好民间艺术的情感。

——活动准备

1. 准备舞蹈音乐、律动小木偶。

2. 准备舞蹈《俏夕阳》的视频。

3. 准备一块长白布、投影仪。

——活动过程

1. 通过做律动小木偶，初步感受利用身体各部位来跳舞，体验趣味性。

2. 欣赏皮影戏的图片，回顾皮影戏和皮影人的相关经验。

教师提问：皮影人是怎样在表演的？皮影人表演时主要是哪些部位在动？

3. 欣赏舞蹈《俏夕阳》，感受轻盈活泼的音乐旋律，了解皮影舞幽默、滑稽、夸张的特点。

（1）欣赏舞蹈《俏夕阳》，幼儿尝试模仿。

教师提问：视频中的老奶奶在模仿皮影人的舞蹈，她们是怎样跳的？幼儿模仿。

（2）再次欣赏舞蹈《俏夕阳》片段，感知皮影舞幽默、滑稽、夸张的特点。

教师提问：和我们平时跳的舞哪里不一样？谁来学一学？

小结：奶奶模仿皮影人舞蹈，我们称它为皮影舞。跳皮影舞的关键就是在跳这个舞时我们的身体基本保持不动，只是关节往返摆动，并且摆动幅度比较大。

（3）欣赏《俏夕阳》造型片段，尝试模仿皮影人的各种造型和动作。

教师启发幼儿思考：这些皮影人在干什么？它们摆了哪些造型？你能学一学这些造型吗？

幼儿模仿皮影人的造型和动作，请几位幼儿在上面保持造型和动作，同时出示舞蹈截图的造型图片，请其他小朋友看看他们的动作和图片上的动作有什么不同？

小结：皮影人在摆造型的时候会用到身体的各个部位，有的高，有的低，有的身体向下，有的向后。

4.师生合作表演皮影舞，并创编皮影舞动作，感受舞蹈的欢快与诙谐。

（1）师生合作表演皮影舞，感受皮影舞的幽默与诙谐。

引导幼儿把皮影人走路和摆造型的动作连起来表演，教师总结幼儿表演的不足，并进行指导。

（2）幼儿分组到小舞台表演，感受民间艺术的氛围。

教师用白布和投影仪布置舞台，请幼儿分组表演皮影舞，让幼儿进一步感受皮影舞幽默、诙谐、夸张的特点，萌发对民间艺术的喜爱。

────── ●●● 活动四　有趣的皮影偶（手工制作）●●● ──────

────教材分析

中国皮影戏距今已有1000多年的历史，有很多著名人物在他们的回忆录里，常常深情地回忆起皮影戏带来的童年欢乐。为了让现代的孩子了解并喜爱我们中国这项特有的民间艺术，我们特意设计了这个手工制作活动。在活动中，孩子们从视频录像中了解皮影戏的制作工序和表演形式，在说一说、玩一玩、做一做的过程中积累知识经验，在共同制作、表演中体验合作的快乐，并从中获得成功的乐趣。

活动目标

1. 了解皮影偶的制作方式及表演形式，大胆动手制作皮影偶。

2. 能积极探究、交流、发现制作皮影偶的方法。

3. 萌发对民间艺术皮影戏的热爱，感受皮影偶的有趣。

活动准备

1. 准备皮影戏表演影像的PPT。

2. 准备制作皮影偶步骤图。

3. 准备制作皮影偶的相关材料。

活动过程

1. 幼儿观看皮影戏录像。师生探讨感知皮影戏的表现手法。幼儿初步感知皮影戏这种民间艺术的表现手法。

师生讨论、交流：你喜欢这种表演吗？这种表演手法叫什么？（皮影戏）这种表演跟我们以前看过的表演相比，有什么不一样？哪里比较特别？

2. 出示皮影戏制作步骤图，引导幼儿观察、交流。

3. 结合步骤图，通过交流讨论和示范演示，探究制作皮影偶的方法。

（1）出示制作皮影偶步骤，幼儿自主观察讨论制作皮影偶的方法。

提问：这些步骤你看明白了吗？哪里不明白？

（2）幼儿初步尝试制作皮影偶，体验制作皮影偶的乐趣。

结合幼儿操作和演示，针对发现的问题交流讨论。

提问：怎样做才能把所有的部位分开拓印在塑料膜上？怎样把身体各部

位组合在一起?

4. 幼儿选择自己喜欢的形象,体验制作皮影偶的乐趣。

(1)教师及时提醒幼儿耐心地制作,注意剪刀的使用安全。

(2)播放音乐,幼儿操作,教师巡回指导,帮助能力稍弱的幼儿;鼓励幼儿制作出不同形态的皮影偶。

5. 师生欣赏、评析幼儿作品,共同分享成功的快乐。

展示作品,围绕"你制作的皮影偶是谁?他们在做什么?你最喜欢哪一个皮影偶形象?为什么?"进行欣赏和评价,引导幼儿进一步体验创作的快乐和皮影偶的有趣。

••• 活动五 我们来演皮影戏(综合) •••

教材分析

皮影戏是我国的民间艺术。它能锻炼动手能力、激发想象力,使人心灵手巧。我们利用传统皮影戏的表演原理,设计了这一综合性的表演活动,注重各领域教育内容的互相渗透,使幼儿在活动中既提高口语表达能力和合作能力,又体验到游戏、创造和表现的快乐。

活动目标

1. 在掌握皮影偶制作原理的基础上,同伴合作制作简单的皮影偶。

2. 能根据皮影偶的角色特点,用不同的身体动作表现皮影戏的故事情节。

3. 初步感受皮影戏的特殊美,体验与同伴合作表演皮影戏的自主性和成就感。

活动准备

1. 准备教师用的演示板、剪影范例、台灯,幼儿用的演示板。

2. 准备黑卡纸、剪刀、双面胶、吸管、塑料筐若干。

3.幼儿具备一定的直接剪出物体外形的经验。

活动过程

1.幼儿欣赏皮影戏，感受皮影戏艺术的美。

教师边讲述故事边操作皮影偶，进行皮影戏表演。

2.幼儿讨论皮影戏的表演形式，尝试进行皮影戏表演，以提高兴趣。

师生共同探讨，内容如下。

（1）老师是怎样表演的？启发幼儿观察、交流。

（2）用了哪些材料？（黑卡纸、白色吸管、台灯、双面胶等）为什么要选用这些材料？

引导幼儿尝试用所选材料进行表演。

（1）幼儿自由结伴表演，自由分配角色。

（2）小组交流：选的什么角色？怎样表演的？

（3）教师总结，提出要求，鼓励幼儿交换角色。

3.幼儿大胆创编故事，与同伴合作表演，体验皮影戏的乐趣。

（1）幼儿讨论表演皮影戏的方法：怎样才能完成得又快又好？

小结：表演皮影戏的方法共分为三步，首先需要编一个有趣的故事，然后制作皮影偶，最后到屏幕后面进行表演。

（2）幼儿自由分组，用身体动作进行表演，体验与同伴合作表演皮影戏的自主性和成就感。

附：皮影戏故事

夜晚，风轻轻地吹着。小草伸了个懒腰（在演示板后贴上草的剪影），小花儿打着哈欠（贴上花的剪影），树妈妈轻轻唱着摇篮曲（贴上大树的剪影）。这时传来"呜呜"的哭泣声，原来一个小姑娘找不到回家的路了（操作小姑娘剪影）。大家都劝她别害怕，月亮姐姐为她照路（贴上月亮剪影），还请来热心的小熊为她带路（操作小熊剪影）。小熊对小姑娘说："别害怕，这儿我可熟啦！来！让我送你回家吧！"森林里的伙伴们都为她唱起了歌。小姑娘再也不害怕了，她发现黑夜竟然是这么美好！你们瞧，她坐在小熊的背上高高兴兴地回家去了。

••• 活动六　我们的皮影戏（半日）•••

教材分析

"有趣的皮影戏"的主题使幼儿初步了解了皮影戏的由来、历史以及制作表演等方面的知识。大班幼儿已经具备收集信息、传递信息的能力，乐于将自己的所知、所想表达、传递给别人。本活动作为本主题的最后一个半日活动，鼓励面向全幼儿园进行皮影表演、展示和宣传，引导幼儿在了解、探究皮影戏的基础上，带动周围人共同关注优秀的民族传统文化，使整个主题得到升华。

活动目标

1. 进一步加深对皮影戏的了解，积极参加皮影戏表演、宣传的筹备和组织，敢于尝试。

2. 主动参与宣传活动，运用表演、讲解、展板等形式向他人介绍皮影戏。

3. 萌发对于优秀民族传统文化的热爱，感受团队合作以及集体合作的快乐。

活动准备

1. 准备KT板、白色纸板、彩笔、剪刀、彩纸等。

2. 准备牛皮纸、塑封膜、刮画纸、装订机等皮影偶制作材料，布置皮影小剧场。

活动过程

1. 讨论交流，进一步加深对皮影戏的了解，萌发宣传皮影戏的愿望。

组织幼儿讨论：关于皮影戏，你知道的有哪些？引导幼儿从历史由来、制作材料、制作方法和流程以及表演等方面进行交流。

交流：我们知道了那么多关于皮影戏的知识，怎样让其他小朋友也知道呢？

2. 制订宣传计划，确定宣传方式和内容，运用表演、讲解、展板等形式向他人介绍皮影戏。

（1）绘制宣传海报，将海报放置在幼儿园的主要位置，同时将邀请函分发至各班级。

（2）组织幼儿讨论：什么样的宣传方式能让大家接受和喜欢？都可以采取哪几种方式？

结合幼儿的讨论，确定宣传方式和内容，确定展板讲解组、表演组、演示讲解组、采访组等。

（3）分组按商讨的活动计划进行，运用表演、讲解、展板等形式向他人介绍皮影戏。

引导幼儿讨论宣传方式，并就制作材料、宣传地点、具体内容、形式进行交流，如布置展板、排练、准备讲解内容、准备采访问题。

3. 根据共同制订的计划在幼儿园分组进行，教师提供适当的引导和帮助。

幼儿分为四组，第一组负责制作宣传海报、布置展板，在幼儿园展出并进行讲解；第二组布置皮影戏小剧场，安排好演出剧目，邀请小朋友欣赏皮影戏表演；第三组负责解答小朋友关于皮影戏幕后操作的疑惑；第四组两人一小组，负责进行采访，采访幼儿对于皮影戏的了解，答对奖励小贴纸。

4. 活动总结，萌发对于优秀民族传统文化的热爱，感受团队合作以及集体合作的快乐。

组织幼儿交流在活动中遇到的问题，讨论解决的方法。

表扬幼儿对于皮影戏的了解和宣传，激发幼儿对于优秀传统文化的热爱和自豪感。

讨论后请幼儿用自己喜欢的方式对宣传活动中最难忘的事情进行表征。

────── •••● **体育活动　踩影子** ●••• ──────

━━ 教材分析

　　大班幼儿能关注光、电等自然现象，而有关影子的活动则是幼儿最感兴趣的，能引发幼儿的好奇心和探索欲望。"踩影子"游戏不受场地限制，只要有阳光就能进行。通过"踩影子"的游戏，幼儿进行追逐、躲闪跑的练习，提高身体素质和运动的能力。

━━ 活动目标

　　1.练习在一定范围内追逐、躲闪跑。

　　2.能观察同伴的位置并及时调整自己身体的活动，进行追逐或躲闪。

　　3.对影子感兴趣，愿意和同伴一起玩"踩影子"游戏。

━━ 活动准备

　　选择有阳光的天气进行。

━━ 活动过程

　　1.准备活动：观察影子，活动身体各环节。

　　（1）幼儿根据教师的语言提示，做各种模仿动作。引导幼儿在阳光下看看自己影子的形状、位置，让幼儿移动身体，看看影子有什么变化，让幼儿做出不同的姿势，看看影子有什么变化等，让幼儿明白身体动，影子就会动。引导幼儿玩"踩自己的影子"的游戏，体验人在哪儿，影子就跑到哪儿。

　　2.组织游戏"踩影子"，练习在一定范围内追逐、躲闪跑。

　　（1）教师介绍玩法，激发幼儿玩游戏的兴趣。

　　（2）引导幼儿尝试两人一组追捉对方的影子，一个人踩，一个人躲。

　　（3）请幼儿讨论在游戏中怎样才能踩到别人的影子或怎样才能不被别人踩到自己的影子。教师小结：不能盲目地跑，要注意观察同伴的行动。

　　（4）提高游戏难度，引导幼儿玩集体游戏"踩影子"。

教师当追捉者，引导幼儿练习四散躲闪跑，熟练后再请1～3名幼儿当追捉者继续游戏，被踩到影子后角色互换，重新开始游戏。

3. 放松活动：做游戏"做影子造型"。

引导幼儿在老师的提示下，自己或同伴合作创造性用身体造型展现不同物体的形象，如小鸟、小狗、小兔，也可用手影表现。

六、主题活动评价

（一）对活动成效的评价

幼儿在整个活动过程中，都能积极主动地参与，始终保持着较高的兴趣。通过观看演出、调查与访问、交流与讨论、共同制作、合作表演等活动，幼儿获得了较为丰富的关于民间皮影戏的知识和经验，大大激发了幼儿对民间艺术的热爱之情，初步萌发了幼儿的民族精神和民族自豪感。在不断地发现问题、解决问题的过程中，幼儿的语言表达能力得到提高，勇于探索、不怕失败的品质得到进一步的体现，幼儿充分体验到成功的快乐。在整个活动中，幼儿的社会性也得到了很好的发展，幼儿能愉快地和同伴交流、分享自己的知识和经验；能积极发表自己的见解并认真倾听同伴的不同意见；能与同伴分工合作进行表演、制作等活动。由此可见，"好玩的皮影戏"主题活动是具有重要教育价值的活动，活动的开展是成功的。

（二）对活动设计与实施的评价

皮影戏主题活动体现了教师的创造性。皮影戏是一种民间综合艺术。皮影戏的剧目繁多、唱腔多样，而且皮影的制作、雕刻工序复杂。教师选择皮影戏作为教学内容，经历了对其进行学习、分析和再创造的过程。首先，根据幼儿的年龄、学习特点，从众多的皮影戏知识中，筛选出制作材料、制作工序和表演方法三个方面作为幼儿学习、研究的重点内容。其次，在幼儿尝试制作的过程中，教师根据幼儿的特点、需要，对皮影戏的制作材料和制作过程进行了再创造。包括利用生活中比较容易收集到的材料制作幻灯片的塑料膜、过塑膜等替代制作皮影的羊皮、牛皮，用纽扣替代用针线缝接皮影等。从这些活动可以看到，教师的这些创造性地改进，使皮影戏更加适合幼儿操作，让幼儿通过动手操作获得了更直接的经验。

皮影戏主题活动注重活动的整合性。教师整合多个领域的教育内容，充分运用多种教育资源和教育手段，促进幼儿多种能力的综合发展。讨论交流中的语言表达能力、解决问题过程中的探究能力、动手操作能力、分工合作表演的社会性发展能力及文学欣赏能力等都得到了提高。

皮影戏主题活动注重活动的动态性。在主题活动中，教师注意激发幼儿对皮影活动的兴趣，引导幼儿自主、主动地参与多种形式的活动，让幼儿在活动中不断建构知识和经验，获得积极的情绪情感的体验，促进幼儿探究能力和社会性等方面的发展。首先，教师能够从幼儿感兴趣的问题出发，引导幼儿积极、主动地探究，解决问题。在解决问题的过程中，教师十分注意保护并不断激发幼儿的学习兴趣，保持兴趣的持续性，循序渐进，引导幼儿参与活动。其次，在主题活动中大量采取了项目活动的方式，使得主题活动的进程更加具有开放性、自主性和探究性，使幼儿活动的积极性、参与度大大提高。

（三）对活动资源的评价

在主题活动中，教师充分运用有效教育资源，发挥教育资源和教育对象的互动作用，帮助幼儿整理、积累和丰富相关经验。活动中，幼儿和家长都表现出极大的参与热情，家长不仅帮助幼儿收集相关的资料，还将收集到的资料信息转化为幼儿的已有经验，用自己投入活动的热情去感染幼儿。在讨论交流活动中，皮影戏表演艺人的加入使幼儿的活动热情达到了高潮，也帮助幼儿将几次调查、讨论所获得的知识经验进行了整理。

幼儿"学习与发展"评价与分析参考表

主题名称：有趣的皮影戏　　　　姓名：　　　　评析分析者：　　　　评析时间：

领域	评价要素	主要表现	评价等级		
			☆	☆☆	☆☆☆
健康	动作发展	练习在一定范围内追逐、躲闪跑			
	生活习惯	能按类别整理好自己的物品			
	自理能力	自己的事情自己做，能够迅速收拾自己的物品并摆放整齐			
语言	讲述	能主动与他人讨论问题，能清楚、连贯地讲述自己通过不同途径搜集到的有关皮影戏的知识			
	表达	能够用有序、连贯的语言清楚地表达对皮影艺术的了解，体验皮影艺术独特的魅力			
	阅读兴趣	了解图片和生活情境中的影子信息			
社会	归属感	通过欣赏、制作、表演和交流，对皮影戏产生兴趣，从而热爱我国的民间艺术			
	交往能力	愿意与同伴分享交流有关皮影戏的相关知识，有问题能向同伴请教			
	责任感	能感受民间艺术的文化价值，并能主动探索			
科学	探究兴趣	能够与同伴积极探讨皮影戏的奥秘，并且能够通过向成人询问、上网查找等途径，加深对民间艺术的了解			
艺术	主动表达	通过欣赏、表演和动手制作，加深对皮影戏的了解，感知皮影艺术的美，激发对民间艺术的兴趣与表现欲望			

续表

领域	评价要素	主要表现	评价等级		
			☆	☆☆	☆☆☆
艺术	感受 与表征	能用多种工具、材料或不同表现手法表达自己对皮影偶的感受和想象，并能独立表现			
	想象 与创造	能够创造性地自编自演和制作皮影偶，并能用自己制作的皮影偶布置环境			
综合分析：					

注：

1. ☆ 发展中：指幼儿行为尚未达到该发展指标。☆☆ 基本符合：幼儿的行为接近该发展指标，但不稳定。☆☆☆ 非常棒：幼儿的行为达到或超过该发展指标。

2. 您可根据幼儿的行为，在相应的栏目内打"√"。

3. 该主题活动被评为"首批青岛市精品课程"。

教育活动设计与评析

一、指印添画——毛毛虫去散步

（一）教材分析

《毛毛虫去散步》源自青岛市幼儿素质发展课程用书小班《艺术表现》中的指印画《小手的秘密》。《3～6岁儿童学习与发展指南》中指出：幼儿艺术领域学习的关键在于充分创造条件和机会，引导幼儿学会用心灵去感受和发现美，用自己的方式去表现和创造美。活动旨在通过创设"毛毛虫散步"的故事情节，遵循幼儿的学习特点，优化活动情境，注重感受和发现，使幼儿在游戏式的活动情境中，在充分感知、讨论、尝试操作的基础上学习用指印添画的方法表现各种小动物，充分体验表现和创造的快乐与满足感，并在活动中实现美术、语言、健康的自然渗透和有机整合。

（二）活动目标

1. 了解指印添画的方法，学习用指印变成毛毛虫、长颈鹿等各种可爱的小动物。

2. 展开想象，能添画简单的线条来表现各种小动物的特征，并描述画面内容。

3. 对指印添画感兴趣，体验毛毛虫和好朋友一起散步的快乐。

（三）活动准备

经验准备：了解各种小动物的外形特征。

物质准备：各色颜料、调色盘、水彩笔、湿巾、幼儿作业纸、故事《毛毛虫散步》课件、展示板、背景音乐。

（四）活动过程

1.创设"毛毛虫散步"的情境，激发幼儿活动的兴趣。

结合课件讲述故事《毛毛虫去散步》，创设富有童趣的情境，幼儿在倾听故事、观看课件的过程中初步感知指印画的特点，萌发活动的兴趣和欲望。

教师：春天来了，睡了一个冬天的毛毛虫也出来散步了。它走啊走啊，遇到一只小刺猬，"咱们一起去散步吧！"它们手拉手一起往前走。一只小蜗牛爬过来说"我能和你们一起去散步吗？""好啊，好啊！"三个好朋友继续往前走。小鸟飞来了，蝴蝶飞来了，小鸡和长颈鹿也跑来了。这么多的好朋友一起散步，可真开心呀！

2.通过交流讨论和示范演示，引导幼儿学习指印添画的方法。

（1）在观察、讨论的基础上探索毛毛虫的印画方法。

师生交流，讨论把毛毛虫请出来的方法，激发幼儿学习的兴趣。

提问：毛毛虫是用什么方法画出来的？它的头和身体有什么不同？身体是怎样印出来的？腿和触角是怎样画出来的？请幼儿进行演示。

结合幼儿的回答与演示，教师以游戏性的语言讲解示范毛毛虫的印法及添画方法。

（2）引导幼儿探索长颈鹿的印画方法。

讨论交流长颈鹿的印法，并请个别幼儿进行尝试操作。

提问：你知道长颈鹿是怎么印出来的吗？它的头和身体一样大吗？

教师结合幼儿的回答、演示进行添画。

3.幼儿印画各种小动物，教师针对不同层次的幼儿进行指导。

（1）教师及时提醒幼儿耐心印出毛毛虫和它的好朋友。

（2）播放音乐，让幼儿操作，教师巡回指导，引导幼儿通过添画表现小动物的特征，鼓励能力弱的幼儿大胆尝试。

4.师生欣赏、评析幼儿作品，共同分享指印添画的乐趣。

鼓励幼儿讲述画面内容，围绕"毛毛虫散步的时候都遇到了哪些好朋友？毛毛虫这么多的好朋友，你最喜欢谁？猜一猜，说一说它在干什么？"进行欣赏和评价。

（五）活动评析

每个幼儿心里都有一颗美的种子。教师的作用在于萌发幼儿对美的感受和体验，引导幼儿学会用心灵去感受和发现美，用自己的方式去表现和创造美。"美"是孙老师执教的手指印画——毛毛虫去散步给我的最深感受。

1."赏"——营造美的氛围。

罗丹说过，"生活不是缺少美，而是缺少发现美的眼睛。""赏"并非表面的看看，而是深入地寻找美、观察美。活动开始，孙老师利用多媒体课件，将一个有趣的故事向我们娓娓道来：春天来了，睡了一个冬天的毛毛虫也出来散步了。它走啊走啊，遇到一只小刺猬，"咱们一起去散步吧！"它们手拉手一起往前走。一只小蜗牛爬过来说"我能和你们一起去散步吗？""好啊，好啊！"三个好朋友继续往前走。小鸟飞来了，蝴蝶飞来了，小鸡和长颈鹿也跑来了。这么多的好朋友一起散步，可真开心呀！新颖别致的故事情境，极富美感的多媒体课件，给孩子的眼睛注入新的亮点，孩子们身临其境，在倾听故事、观看课件的过程中初步感知指印画的特点，在不知不觉中受到美的感染。

2."探"——解读美的韵味。

绘画的过程散发着自己独特的韵味。"授人以鱼，不如授人以渔。"本次活动中，孙老师充分考虑孩子的年龄特点，采用"把毛毛虫请出来"的游戏化的语言，在观察、讨论的基础上，引导幼儿探索毛毛虫的印画方法。当幼儿在探索绘画方法的过程中遇到困难时，教师适时进行点拨，提出：毛毛虫是用什么方法画出来的？它的头和身体有什么不同？以游戏性的语言总结毛毛虫的印法及添画方法。

3."展"——分享美的艺术。

活动中，"美"的感觉体现得淋漓尽致，处处彰显精心精致：幼儿的操作材料用统一的透明托盘盛放，体现整齐划一的美；幼儿用的作业纸用淡淡的油画棒渲染边框，体现朦胧婉约的美；最后的作品展示中，教师在淡黄色的KT板上用咖啡色的篱笆分割出淡绿的花园，五彩斑斓的绘画作品展现其中，孩子的眼睛跟着毛毛虫一起去散步，享受着和谐自然的美。

4."评"——领悟美的情感。

"评"指用语言来表达对自己和他人作品的理解，从中领悟美的情感。活动中，教师提出问题：毛毛虫散步的时候都遇到了哪些好朋友？鼓励幼儿争做自己作品的解说员，为大家讲解自己的创作内容。在观察、回忆、讲述中，拨响了幼儿表达美的"琴弦"。围绕"毛毛虫这么多的好朋友，你最喜欢谁？猜一猜，说一说它在干什么？"进行欣赏互评，感受着毛毛虫和好朋友一起散步中蕴含着的浓浓的快乐心情。通过"评"，一件件稚拙的作品在我们面前"活"起来，充满着勃勃的生机和魅力。

"手指印画——毛毛虫去散步"活动，教师珍视童心，呵护童趣，把幼儿心中那颗美的种子浸润在新颖别致的情境中，寓教于乐，寓教于情，童画之美灿然绽放！

二、故事《微笑》

（一）活动设计思路与教学实施策略

故事《微笑》选自青岛市幼儿素质发展课程教师用书《语言表达》"作品欣赏与理解"部分。本次活动中，我们针对大班幼儿语言迅速发展，能透过较为复杂的故事情节理解作品所表达的情感且社会性进一步发展的特点，以鼓励幼儿大胆想象、表达贯穿始终，通过开放性的问题，运用游戏的方式，着重引导幼儿从不同角度深入理解、体会朋友之间的友谊，从而让幼儿懂得真正的快乐源于共同分享，同时注重幼儿社会性行为的培养，使幼儿愿意向同伴表达自己真实的感受。

鉴于以上分析，为了更好地达成目标，活动中将采用以下几种教学策略。

1. 采用关键中断法，引导幼儿大胆想象与表达，了解动物们如何带给朋友们快乐，体验动物之间的友谊。

活动中，教师始终为幼儿创设一种愉悦、宽松的语言交流环境。在第一遍讲述故事时，教师通过引导幼儿在关键处猜想、表达的方法，如通过"小鸟会用什么方法带给朋友们快乐？""赶快帮小蜗牛想想它可以做什么为朋友们带来快乐？"等开放性的问题，让幼儿在表达与体验中感受动物之间的友谊。

2. 通过多维互动的方式，引导幼儿懂得真正的快乐源于共同分享。

活动的重点部分采用多维互动的方式解决，包括与多媒体互动：通过课件的直观形象、生动有趣展现故事情节，能激发幼儿的兴趣，让幼儿在观察与猜想中体会故事意境；情感互动：活动中通过融入情境，引导幼儿换位思考，从不同的角度猜想、讨论小主人公的心理感受，从而产生情感上的共鸣；师生互动：通过教师与幼儿及时、有效地交流讨论，帮助幼儿有序、深入的理解故事、丰富故事内容，懂得真正的快乐源于共同分享。

（二）活动目标

1. 理解故事内容，学习词语"孤单""了不起"，并尝试运用。

2. 能围绕故事中的"微笑"，大胆表达自己的理解和想法。

3. 感受朋友之间的友谊，了解真正的快乐源于共同分享。

物质准备：故事《微笑》课件。

（三）活动过程

1. 组织幼儿交流讨论，激发幼儿活动的兴趣。

交流讨论：信里面会是什么内容？看到小蜗牛的微笑你的心情是什么样

子的？

2. 借助课件，采用"关键中断"的方式分段讲述故事，帮助幼儿理解故事内容，感知快乐的方法。

（1）第一部分：引导幼儿通过观察、讨论，重点了解小鸟等五个好伙伴是用什么办法带给朋友快乐的。

师生讨论交流：动物们用什么方法带来快乐？小刺猬是怎样说的？为什么昂首挺胸？仔细看图，小兔子和小蚂蚁都使用了什么方法为朋友带来快乐？

（2）段落二：鼓励幼儿大胆想象，帮助小蜗牛想办法，它该如何为朋友带来快乐，并尝试表现出小蜗牛的心理变化。

讨论：小蜗牛为什么着急了？它现在是什么心情？你帮小蜗牛想想它可以怎样为朋友带来快乐。小蜗牛想到了什么好办法？

（3）回忆讨论：动物们都用了什么办法为朋友带来快乐的？

教师小结：动物们都各自开动脑筋，帮朋友排忧解难，与朋友进行分享，为朋友带来了快乐。

3. 教师完整讲述故事，鼓励幼儿尝试讲述，学习词语"孤单""了不起"。进一步体验故事情感，感知带来快乐最好的方法是共同分享。

讨论交流：什么是孤单？在什么时候会感到孤单？为什么动物们说小蜗牛很了不起？你觉得带来快乐最好的方法是什么？

教师总结：不管用什么办法，能够共同分享就能带来真正的快乐。

4. 情感提升。

交流讨论：你想用什么方法给伙伴带来快乐？

三、上学路上

（一）教材分析

本活动选自幼儿素质发展课程教师用书大班下学期主题《学做小学生》。入小学后，很多孩子将面临独自上下学，或乘车，或步行。多数幼儿知道自己所要上的学校，但是，对小学的具体路线及上学路上可能遇到的状况了解不够。因此，引导幼儿了解自己的上学路线，学会处理上学路上遇到的交通安全问题，树立良好的社会公德和必要的时间观念是十分重要的。活动中，教师以"大头儿子"上小学为主线，引导幼儿在说说、画画、讲讲中，熟悉自己上学的主要路线，并与同伴交流讨论，了解上学路上可能发生的事情，在讨论中找到解决的方法；在交流中产生自我保护、自我管理的意识。

（二）教学实施策略

1.情境激趣，感知体验。

将幼儿置身于宽松、富有童趣的情境之中，更能激发幼儿活动的兴趣和积极性。因此，活动中教师以"大头儿子"上小学为主线，将"大头儿子"上学的故事情境贯穿始终，引导幼儿通过说说、画画、讲讲，熟悉自己上学的主要路线，猜想上学路上可能发生的事情，引发幼儿感情共鸣的同时达成活动目标。

2.操作实践，分享交流。

操作实践和交流是幼儿重要的学习方式，在观看完"大头儿子"的上学路线图和回忆自己的上学路线后，引导幼儿运用简单的标志、符号设计自己的上学路线图，幼儿在具体的情境下，通过思考、绘图以及同伴间的沟通交流，进一步熟悉自己上学的主要路线，从而达到内化经验的目的。

3.多维互动，情感提升。

活动中，教师还采用多维互动的方式，包括与多媒体互动：通过直观的课件，生动形象地再现上学情境，引导幼儿在观察与交流中找到解决问题的方法；师生互动：为幼儿提供多种表达机会，引导幼儿大胆分享自己的想法，树立自我保护意识；幼幼互动：同伴、小组间的互动交流引发碰撞，从而进一步提高自我管理的意识。

（三）活动目标

1.熟悉自己上学的主要路线，知道路过的主要建筑物或标志。

2.能用简单的标志、符号设计自己的上学路线图并与同伴交流；能预想到上学路上可能发生的事情，在讨论中找到解决的方法。

3.在交流中产生自我保护、自我管理的意识，有自信能自己上下学。

（四）活动准备

知识准备：让家长事先带领幼儿熟悉上学的路线，丰富幼儿的感性经验。

物质准备：纸、水彩笔每人一份，PPT课件。

（五）活动过程

1.组织谈话，引导幼儿交流自己的上学路线。

提问：再过一段时间，你们就要成为小学生了，心情怎么样？你知道自己要上哪所小学吗？谁来说一说，从你家到学校都经过哪些地方？

2.结合上学路线图，丰富幼儿的经验，引导幼儿尝试设计、交流讨论自己的上学路线图。

（1）出示"大头儿子"上学路线图，引导幼儿观察路上经过的主要建筑物以及所使用的标志符号。

提问：从"大头儿子"家到小学都经过哪些地方？用什么标志、符号表示？你还发现了什么标志？它有什么作用？

想一想，从你家到小学经过的地方可以用什么符号、标志表示？

（2）幼儿使用标志、符号绘制上学路线图。

教师提出设计要求：用标志、符号画出路过的主要建筑，要让大家看懂、看清楚，一定要有方向标志。

（3）小组、个别分享、交流路线图。

3.结合"大头儿子"上学的情境，引导幼儿交流上学路上应注意的问题，产生自我保护、自我管理的意识。

（1）提问：上学过马路时，应该注意什么？

小结：过马路要走斑马线，知道看红绿灯，确认没有车后再快速通过。

（2）提问：有些小朋友要坐车上学，等车和坐车时应该怎样做？

小结：乘坐交通工具，要遵守公共规则，做文明的小学生。

（3）提问：上学都是有时间限制的，在上学路上还要注意什么？遇到陌生人我们应该怎么做？

小结：上学路上不仅要学会约束、管理自己，还要懂得如何保护自己。

4. 预想上学路上可能发生的事情，在讨论中找到解决的方法。

针对"上学路上"可能遇到的问题，鼓励幼儿提出问题，大家一起讨论交流，寻找解决的办法。

四、故事《住在"鸟窝"里的小鱼》

（一）教学活动设计意图与实施策略

故事《住在"鸟窝"里的小鱼》，选自青岛市幼儿素质发展课程教师用书《语言表达》"作品欣赏与理解"部分。故事充满温情与感动，通过描绘小鱼莫卡失去亲人后，在小鸟的帮助下"悲伤—快乐—温暖"的情感变化，让幼儿感受小鸟对小鱼浓浓的关爱之情，萌发同伴间互相关心、互相帮助的美好情感。《3～6岁儿童学习与发展指南》中指出：应为幼儿创设自由、宽松的语言交往环境，鼓励、支持幼儿交流，让幼儿想说、敢说、喜欢说并得到积极回应。本次活动中，教师针对大班幼儿词汇更加丰富，社会性开始发展的特点，创设宽松、愉悦的语言交流环境，通过开放性的问题、运用游戏的方式，着重引导幼儿从不同角度深入理解、体会小鱼不同的心理感受和情感变化，并鼓励幼儿大胆想象、主动交流，同时注重幼儿社会性行为的培养，通过讲述发生在身边的友爱故事，引发幼儿情感共鸣，进一步感受朋友的帮助所带来的快乐。

鉴于以上分析，为了更好地达成目标，活动中将采用以下几种教学策略。

1. 采用关键中断的方式，引导幼儿大胆想象与表达，体验、表现故事角色不同的心理感受和情感变化。

活动中，教师始终为幼儿创设一种愉悦、宽松的语言交流环境。在第一遍讲述故事时，教师通过引导幼儿在关键处猜想、表达的方法，包括"现在莫卡的心情怎样？""什么事让它这么伤心？""小鸟会想什么办法让小鱼高兴起来？""为什么水里会有一只和树上一模一样的鸟窝？住进水里的鸟窝后莫卡有什么感觉？"等开放性的问题，让幼儿在表达与体验中理解故事内容，感受故事角色不同的心理感受和情感变化。

2. 通过多维互动的方式，引导幼儿感受小鸟对小鱼的浓浓关爱之情，萌发同伴间互相关心、帮助的美好情感。

活动的重点部分采用多维互动的方式解决，包括与多媒体互动、情感互动、师生互动。与多媒体互动：通过直观形象、生动有趣的课件展现故事情节，激发幼儿的兴趣，让幼儿在观察与猜想中体会故事的意境；情感互动：活动中通过融入情景，引导幼儿换位思考，从不同的角度猜想、讨论不同角色的感受，从而产生情感上的共鸣；师生互动：通过教师与幼儿及时、有效地交流讨论，帮助幼儿有序、深入的理解故事、丰富故事内容，感受体验朋友的帮助所带来的快乐。

（二）活动目标

1. 熟悉故事内容，理解小鱼莫卡"悲伤—快乐—温暖"的情感变化过程。

2. 能结合已有经验，表达小鸟送鸟窝给小鱼莫卡的这种浓浓的关爱之情。

3. 萌发同伴间互相关心、互相帮助的情感。

（三）活动准备

准备故事《住在"鸟窝"里的小鱼》的课件。

（四）活动过程

1. 出示小鱼莫卡的图片，以谈话导入，激发幼儿的活动兴趣。

讨论交流：莫卡是一条什么样的小鱼？你是怎么看出来的？

2. 借助课件，采用"关键中断"的方式分段讲述故事，引导幼儿理解故事内容，初步感受小鱼莫卡"悲伤—快乐—温暖"的情感变化。

（1）第一部分：通过观察、讨论，引导幼儿感受、体验在家人的陪伴下，小鱼莫卡的幸福感。

讨论交流：莫卡为什么觉得很幸福？

（2）第二部分：鼓励幼儿大胆交流想象，表达自己的想法，理解小鱼莫卡由悲伤—快乐的情感变化过程。

讨论交流：现在，莫卡的心情怎么样？什么事情让它这么伤心？小鸟是怎么做的？

猜一猜，小鸟会想什么办法让小鱼莫卡快乐起来？小鸟想到了什么办法？现在小鱼莫卡是什么心情？

（3）第三部分：组织讨论交流，感受故事中小鸟对小鱼的浓浓关爱，体验小鱼莫卡由快乐到温暖的情感变化。

讨论交流：小鱼莫卡能生活在水里吗？可小鸟真的想让小鱼住进温暖的鸟窝里，那该怎么办呀？莫卡真的住进鸟窝了吗？那为什么水里会有一只和树上一模一样的鸟窝？住进水里的鸟窝后，莫卡有什么感觉？

3. 鼓励幼儿与教师一起完整讲述故事，进一步体验故事情感。

交流：悲伤的莫卡是怎样快乐起来的？为什么小鸟离开了，莫卡心里仍然觉得很温暖？

4. 结合幼儿日常生活，引发幼儿情感共鸣。

（1）交流：你得到过别人的帮助吗？得到帮助时你的感觉怎么样？你帮助过别人吗？帮助别人的心情是怎样的？

（2）结合视频，感受发生在身边的友爱故事，产生互相帮助、关心的美好情感。

五、蔬菜香香

（一）教材分析

本活动出自青岛市素质发展课程用书小班上《尝一尝 真好吃》主题活动二之"饭菜香香"。幼儿正处于生长发育的关键时期，蔬菜中的维生素对促进幼儿的身体生长是非常重要的。许多小班幼儿有挑食现象，不爱吃绿色蔬菜，有的甚至只吃饭不吃菜。《3～6岁儿童学习与发展指南》中指出：科学教育应密切联系幼儿的实际生活进行，将身边的事物与现象作为科学探索对象。幼儿科学学习的核心是激发探究兴趣，体验探究过程，发展初步的探究能力。因此，本活动通过创设游戏情境，让幼儿与蔬菜宝宝互动，顺应幼儿的探索欲望与好奇，引导幼儿运用多种感官，通过看一看、摸一摸、闻一闻、尝一尝等方式，认识几种常见蔬菜，初步了解蔬菜的营养价值并喜欢蔬菜，从而在进餐中不排斥蔬菜，进而养成不挑食的好习惯。

（二）实施策略

为了更好地达成目标，活动中将采用以下教学策略。

1. 情境导入，激发兴趣。

情境教学是把幼儿带到特定的环境中，让幼儿入境动情，从而获得最佳的有意注意，引导幼儿将兴趣指向学习内容，调动学习的积极性。活动开始，教师创设了去小熊菜园参观的情境："小熊菜园丰收了，我们一起去看看吧！"使幼儿产生身临其境的真切体验，萌发幼儿参与活动的兴趣，有助于推动他们自主探究的欲望。

2. 调动感官，多维互动。

活动中重点部分通过充分调动幼儿的多种感官，多维互动的方式，用看一看、摸一摸、闻一闻、猜一猜、尝一尝、说一说等启发引导幼儿认知、感受，使幼儿体验到与同伴分享的快乐，并为幼儿提供多次表达、分享、交流的机会，引导幼儿学习完整表达。

3. 快乐游戏，体验乐趣。

小班幼儿的思维处于具体形象阶段，有趣、颜色鲜明的事物更容易引起幼儿的注意。快乐的游戏就像小班科学活动的润滑剂，让幼儿在快乐中前进。让原本严肃、枯燥无味的科学活动变得有趣、丰富多彩。活动中，不同形式、层次的与蔬菜宝宝捉迷藏的游戏，不仅巩固幼儿对蔬菜特征的认识，更让幼儿在操作材料过程中感受科学探究的过程和方法，体验发现的乐趣。

4. 注重整合，帮助幼儿提升有益经验。

儿童的发展是一个整体，活动过程的设计要注重领域之间相互渗透和整合。本次活动，既注重发展幼儿的动手、动脑能力，又支持、引导幼儿交流探究；既重视幼儿直接经验的积累，又注重幼儿良好学习态度和能力的培养。科学、健康、语言三个领域有机结合，真正促进幼儿全面发展。

在组织活动过程中，教师切实关注幼儿的表现，给予积极回应以保证活动目标的顺利达成。

（三）活动目标

1. 认识芹菜、油菜等常见蔬菜，能说出它们的名称，了解吃蔬菜的好处。

2. 能运用多种感官感知蔬菜的形状、颜色、味道。

3. 愿意吃各种蔬菜，养成不挑食的习惯。

活动重点：感知蔬菜的形状、颜色、味道，了解吃蔬菜的好处。

（四）活动准备

1. 准备胡萝卜、香菇、芹菜、油菜、西红柿、菜椒等蔬菜，胡萝卜丝拌芹菜、香菇油菜等。

2. 为每个幼儿准备1套小勺、盘子，纸箱做的摸箱1个。

3. 准备课件。

（五）活动过程

1. 创设游戏情境，激发幼儿活动的兴趣。

师引导语："小朋友，小熊菜园丰收了，我们一起去看看吧！"

提问：菜园里都有哪些蔬菜？引导幼儿说说自己认识的蔬菜的名称。

2. 运用多种感官自由感知，初步探索蔬菜的特征，并与同伴交流分享。

（1）请幼儿看一看、摸一摸、闻一闻，帮助幼儿认识不同的蔬菜。

提问：你认识哪些蔬菜宝宝？它们长什么样子？是什么颜色的？用手摸一摸，有什么感觉？闻一闻，是什么味道？

（2）幼儿分享交流，介绍自己观察的蔬菜，说清楚它们的颜色、样子、味道等。

3. 组织幼儿玩"蔬菜宝宝捉迷藏"游戏，巩固幼儿对蔬菜特征的认识。

（1）请幼儿根据教师蔬菜名称的指令，通过触摸取出相应的蔬菜。

（2）请幼儿根据教师蔬菜特征的指令，通过触摸取出相应的蔬菜。

（3）请幼儿自己讲述蔬菜特征，并通过触摸取出相应的蔬菜。

4. 组织"小熊蔬菜品尝会"培养幼儿爱吃蔬菜的好习惯。

（1）蔬菜宝宝可以做出哪些美味的菜？有什么营养？

（2）播放课件，展示香菇、胡萝卜、芹菜等蔬菜，用拟人化的语言介绍各种蔬菜的营养，激发幼儿吃蔬菜的欲望。

（3）请幼儿品尝菜肴，提醒幼儿慢慢咀嚼、细细品尝，说说它们的味道。

六、种子的旅行

（一）教学活动设计意图与实施策略

本活动源自青岛市素质发展课程用书大班《探索求知》主题活动"奇妙的种子"。种子的传播是生活中常见的自然现象，也是幼儿经常亲身接触的，他们对此充满兴趣。《3～6岁儿童学习发展与指南》中指出：幼儿科学学习的核心是激发探究兴趣，体验探究过程，发展初步的探究能力。结合大班幼儿愿意观察、能发现问题并动脑寻找问题答案进行描述的特点，本活动中，教师顺应幼儿的探索欲望与好奇，创设游戏情境，在幼儿认识各种种子的基础上，通过师生互动、幼幼互动，与多媒体互动等帮助幼儿理解种子的集中传播方式并简单分类，萌发探索植物种子奥秘的兴趣。

为了更好地达成目标，活动中采用以下教学策略。

1. 情境导入，激发兴趣。

情境教学是把幼儿带到特定的活动环境中，让幼儿入境动情，从而获得最佳的有意注意，引导幼儿将兴趣指向学习内容，调动学习的积极性。活动开始时教师创设了去种子展览会参观的情境："我们一起到种子展览会看一看吧！"使幼儿产生身临其境的真切体验，萌发幼儿参与活动的兴趣。有助于推动他们自主探究的欲望。

2. 观察发现，自主学习。

观察是幼儿认识事物的基础，本节活动为幼儿提供了种子实物若干、各种种子图片、种子传播方式的课件等，激发幼儿对种子旅行的探究兴趣，引导幼儿在观察图片、课件和实物的基础上，了解各种种子的特征以及传播方式，在宽松的氛围中，极大地调动了幼儿自主学习的欲望。

3. 动手操作，实践探究。

皮亚杰认为：幼儿是"直接经验学习"，科学活动在探索后的实践和运用，是他们新知识构建的过程，让孩子"做中学"是幼儿园科学教育的重要方法。在游戏"帮助种子去旅行"中，为每个幼儿提供了各种种子的图片，鼓励幼儿仔细观察，寻找正确的种子传播方式并进行简单分类，巩固操作探究经验。

4. 联系生活，拓展认知。

来源于幼儿生活的内容更能激发幼儿探究兴趣，陈鹤琴指出："生活即教育""大自然大社会即课程"。因此，教师鼓励幼儿寻找生活中常见种子传播方式，并提供了生活中常见的各种植物图片，多角度丰富幼儿对种子传播方式的认知。

在组织活动过程中，教师切实关注幼儿的表现，给予积极回应以保证活动目标的顺利达成。

（二）活动目标

1. 在认识各种种子的基础上，了解种子的集中传播方式并能进行简单分类。

2. 能大胆说出自己的观点，发展观察能力和分析能力。

3. 萌发探索植物种子奥秘的兴趣。

活动重难点：了解种子的集中传播方式并能进行简单分类。

（三）活动准备

物质准备如下。

1. 收集各种种子，布置"种子展览会"。

2. 准备种子实物若干、背景图、种子图片、课件《种子的旅行》。

经验准备：观察大自然中的植物，了解关于种子传播方式的相关知识。

（四）活动过程

1. 创设游戏情境，激发幼儿的活动兴趣，让幼儿认识各种种子的特征。

（1）观察交流：看一看这是谁的种子？长什么样子？认识几种特殊种子。

（2）讨论：这些种子有什么不同？它们有什么用途？

2. 结合课件《种子的旅行》，引导幼儿了解种了传播的方式。

（1）了解种子的风力传播以及种子"发芽—长大—开花—结果—繁殖"的生长过程。

交流：谁帮助蒲公英的孩子去旅行？为什么风能吹着它去旅行？蒲公英的种子飞到新的地方，春天来到的时候，又会怎样？风还能帮助那些种子去旅行？为什么？

（2）结合实物与课件讨论种子的流水、鸟的粪便、动物皮毛和人类传播等传播方式。

出示莲蓬、樱桃、豌豆、苍耳等的图片，讨论交流：它们的种子是怎样去旅行的？为什么？还有哪些种子也用和它们一样的方式去旅行？人类还可以帮助哪些种子去旅行？

教师分别小结：借助风力传播的种子都很轻，能飘起来，有些还有适合飞翔的绒毛和果翅；有些种子又硬又小，小鸟吃掉后不消化，随粪便排出，跟着鸟儿去旅行；有的种子能浮在水上，靠水的流动传播；有些种子又小又轻，成熟后外皮裂开，种子弹出去旅行；苍耳身上有刺，粘到动物皮毛上去旅行。

3. 做游戏"帮助种子去旅行"，进行种子传播方式的分类。

（1）出示种子传播方式背景图，请幼儿选择自己喜欢的植物图片。

（2）引导幼儿将自己手中的种子、植物图片放到相应的背景图中。

（3）和幼儿一起检验是否放对，巩固对各种传播方式的认知。

用心，关注孩子生活的方寸

沉下心来，倾听来自儿童的原声音，才能真正走进儿童
的世界。

温馨三部曲 呵护幼儿午睡健康

午睡是幼儿一日活动中的重要环节，通过午睡幼儿不仅恢复了体力，还让大脑得到了充分的休息。要让幼儿在午睡中保持安静，得到充分、有效的休息，教师一定要认真做好睡前准备工作，并采取行之有效的方式方法，让幼儿真正睡好，呵护其身心健康成长。

一、暖功夫下在入睡前，奏起幼儿午睡温馨前奏

（一）创环境——小角落，营造温馨舒适睡眠氛围

环境包括物质环境和心理环境两方面。首先是物质环境方面，休息室要舒适、洁净、空气流通，以保证充分的氧气供给。根据不同的季节、天气状况为幼儿适时增减、更换睡褥和被子。例如，在冬季，由于气候寒冷，加之室内空气湿度较大，要定时将幼儿的被褥拿到太阳下曝晒，既能杀菌消毒，又能使睡褥蓬松、舒适。休息室的环境布置和幼儿的床单颜色应以柔和的色调为主，尽量营造一种朦胧、温馨的午睡氛围，使他们一进午睡室就能放松心情，安静下来，自然地萌发喜爱午睡的情感。其次是心理环境方面，午睡前，尽量不要进行太兴奋的游戏，可以播放一些缓慢、抒情的摇篮曲，或者讲一个优美的睡前故事，让幼儿很自然地、甜甜地进入梦境。

（二）重细节——小物件，消除午睡安全障碍

收好幼儿手中的玩具。部分幼儿在家养成了不好的睡眠习惯，有的喜欢拿一块手帕，有的小女孩将扎头发的小卡子拿在手里，还有的幼儿会悄悄地藏一个玩具或是其他好玩的东西，乘老师不注意的时候拿出来玩，如果稍不留神，就会出现意想不到的危险。睡前要注意将幼儿的一举一动纳入视线中，仔细检查，帮助幼儿将玩具收好，防止意外情况发生。

拆掉女生的小辫子。这样做的好处有三点：不用担心幼儿睡觉时玩弄皮筋或卡子，影响午睡秩序；避免用卡子弄伤自己或其他幼儿；放松、舒服，保证睡眠质量。当然，起床以后，我们还是要将女生的头发打理好，恢复早晨来园时的整齐、漂亮。

检查幼儿的嘴巴和脖子。留心每一位幼儿，有没有将零食带进寝室，嘴巴里有没有不安全的东西，把脖子上的挂件和首饰取下，及时把危险因素排除掉。

提醒幼儿脱掉外套。幼儿在游戏、活动特别是户外活动时，衣服上容易沾染灰尘，脱掉外套入睡，既卫生又舒适，还避免了幼儿灰质过敏。另外，起床后穿上外套，还可以预防幼儿感冒。

二、真功夫亮在策略中，完成幼儿午睡过渡序曲

（一）一送一讲——妙招巧用，督促幼儿及时入睡

送小红花是一种"古老"又极其有效的方法。如果看谁表现好就把小红花送给谁，得到小红花的小朋友自然是高兴了，但没有得到小红花的小朋友却失去了自信心。为了让所有幼儿都能睡好午觉，可以改变一下策略，那就是在幼儿睡觉时，看谁入睡快又静，就偷偷地给他（她）在评比栏（"小花园"）中贴上小红花。但想得到小红花也有要求：小窗户（眼睛）关上了，小门儿（嘴巴）关上了，小朋友们睡着了。这一招还挺灵，幼儿起床后，第一件事就是快步跑到自己的"小花园"里看看自己是不是得到了小红花，当他们看到自己得到小红花时那高兴劲儿就别提了，入睡困难迎刃而解。

同样的方法不能天天用，要不断更新。当幼儿渐渐对小红花失去兴趣时，就改变方法。幼儿"小花园"里每天午睡所得的小红花累积到一定数量时，可以满足幼儿的一个小愿望，拿一种玩具回家玩，带一本图书回家看，或者做早操的时候领操，站队的时候做排头……如此一来，幼儿的兴趣和积极性又被激发起来，午睡入睡更加顺利、迅速。看到一张张小脸挂着甜蜜的微笑静静入睡，教师的心里有说不出的高兴。

讲故事是最常用的方法，也是最行之有效的方法。幼儿都非常喜欢听故事，如《小海螺与大鲸鱼》《灰姑娘》《猜猜我有多爱你》。睡前讲一个意境优美、恬淡、温馨的故事，营造出一种安逸、宁静的氛围，使幼儿在美妙的意境中进入甜甜梦乡。

（二）一抱一握——因人而异，给予幼儿温暖关爱

部分幼儿特别是刚入园的幼儿在午睡时会出现入睡困难或容易惊醒的情况，要注意根据幼儿的不同情况对症下药，保证幼儿的睡眠质量：对于胆小内向的幼儿，抚摸、轻拍他们的身体，使幼儿感受暖暖的母爱；对于自尊心强、比较敏感的幼儿，让他们向已经睡着的幼儿学习并对他们午睡的进步加以及时地肯定和表扬，让幼儿感觉到自己的进步，增加他们的成就感；对于害怕陌生环境的幼儿，用大手轻握他的小手，或轻轻地抱在怀里，让幼儿得到心理上的安全感和亲人般的关怀；对于调皮好动的幼儿，只要静静地坐在他旁边，提醒他保持安静尽快入睡。

（三）一巡一察——细心照顾，呵护幼儿优质睡眠

幼儿入睡后，巡回观察在整个午睡过程中也非常重要。一是观察幼儿午睡时盖的被子、穿脱衣服是否合适。幼儿午睡盖被应该注意季节差异，夏天只需要一条小浴巾轻轻盖住小肚子即可；天气稍凉的春秋季节则可以身子藏里面，胳膊放外面；只有在天气很冷的时候，才要求幼儿掀起小盖子，钻进小被子，盖好小脖子。穿脱衣服则需要注意个别差异。要根据幼儿体质的差异给予不同的照顾，提出不同的要求。例如，平时穿得较多、体质较差的幼儿，入睡前要适当脱掉几件衣服。二是观察体质特殊的幼儿。尽量把体弱患病的幼儿安排在容易照顾到的地方，观察幼儿是否咳嗽、发烧，及时了解其体温变化、精神状态等身体情况，避免幼儿的病情加重。三是观察幼儿的睡眠姿势。对于睡眠姿势不好（如蒙头睡、趴睡）的幼儿，及时帮其翻身纠正，同时还要与家长交流沟通，请家长在家注意幼儿的睡眠姿势，共同帮助幼儿形成良好的睡眠习惯。另外对于容易出汗或经常踢被的幼儿，在巡回时也注意为他们及时盖好被子，防止着凉。

三、慢功夫用在生活中，共谱幼儿午睡和谐曲

新《幼儿园教育指导纲要》指出："幼儿的身体健康以具备基本的生活自理能力为主要的特征。"幼儿只有具备了基本的、简单的生活自理能力，才能健康地成长、发展。在午睡这一环节，也要注意发挥幼儿的主动性，让幼儿积极地学一些生活自理的本领。从简单的解纽扣、扣纽扣、穿鞋、脱鞋开始，进而学习穿衣裤、脱衣裤、叠放衣服以及起床后的整理被子等，采用榜样示范、操作练习、儿歌朗诵、游戏等多种方法，结合生活活动、区域活动等环节培养幼儿的生活自理能力。

说一说：将较为单调的生活能力训练创编成简短、通俗的儿歌，提高幼儿的兴趣，且好学易记。例如，在教幼儿系鞋带时，可以结合儿歌《系鞋带》来进行："两个好朋友，见面握握手，钻进大洞口，用力拉耳朵，变成蝴蝶走。"再如为了让幼儿正确、规范地脱袜子，也可以编成儿歌："缩起小脖子，拉长小鼻子，弯起小身子，住进小房子。"午睡时的穿脱衣服对小班幼儿来说是相当困难的，就可以把有关的基本方法编成"顺口溜"：如穿开襟衫，通过"捉领子，盖顶子，小老鼠，找洞子，东钻钻，西钻钻，吱吱吱吱上房子"的顺口溜，幼儿就知道了穿衣服的顺序。脱衣服的方法则以"小宝宝脱衣服，从上往下解扣子，小手在后拉袖口，衣服衣服快脱下"的顺口溜帮助幼儿练习巩固。

练一练：将生活自理技能训练寓于各种游戏之中，让幼儿在玩中学，学中玩。例如，为了帮助小班幼儿学习解、扣纽扣，我们可以在娃娃家投放布娃娃的衣服，让幼儿通过"给布娃娃扣纽扣"的游戏练习解、扣纽扣。还在操作区投放利用碎布缝制的带纽扣的大苹果、向日葵，让幼儿练习一一对应扣纽扣。幼儿在这些游戏中学到基本的自理技能，进而迁移到实际生活中。

赛一赛：此法主要是通过比一比、赛一赛的游戏活动来巩固生活技能，培养自理和竞争意识。例如，午睡起床后整理被子时，有的幼儿动作比较慢，如果以比赛的方式进行，幼儿的积极性就会大大提高，速度自然而然加快。这种方法，符合幼儿的心理特点，自然亲切，生动活泼，效果明显。

午睡是培养幼儿良好生活习惯的一个重要方面，它需要教师有长久的耐性、坚实的态度、和蔼的言语，还要有一颗爱孩子、包容孩子的心，如此才能以爱为弦，奏响温馨午睡三部曲，使幼儿的成长恬淡自然、一路向上。

家园携手下幼儿入园焦虑适应性研究

幼儿园依托"家文化"建设，关注家园共育的力量，从入园、生活、活动多个维度入手，采取有效举措，将家园携手下的幼儿入园焦虑适应性研究不断纵向深入推进，使幼儿入园焦虑得到有效缓解，家园教育也达到高度和谐统一，形成优势互补的教育合力，实现了促进幼儿健康成长的教育目标。

一、问题的提出背景

适龄宝宝离开父母和家庭进入幼儿园游戏和生活，是其社会化进程中重要的一步。在这一过程中，宝宝要经受与依恋对象分离、自身特殊的性格特点等原因导致的分离焦虑所带来的痛苦，过度的入园焦虑会严重影响幼儿在园的正常生活，制约幼儿的认知、情感、性格、语言和社会性发展。幼儿产生分离焦虑怎么办、如何缓解入园焦虑是幼儿园、家长及幼儿都要面临的难题，幼儿入园焦虑问题也成为学前教育研究具有现实意义的问题之一。

实验幼儿园招收的幼儿为市直单位工作人员子女，幼儿的父母文化程度较高，从业范围较广，对幼儿的关注度高，对幼儿发展的要求高，配合幼儿园教育的意愿强。实验幼儿园的教师均为幼教专业院校毕业，整体素质较高，有自发研究办法解决问题的行动力。幼儿园打造"家文化"，多方搭建家园合作平台，采取有效举措，对缓解幼儿入园焦虑进行了有效的研究和探讨，形成了家园合作帮助幼儿适应入园的方法和策略。

二、幼儿入园焦虑的内涵及疏导内容

入园焦虑，体现在幼儿入园并与产生亲密情感的人分离时，产生的焦虑、不安、伤心、痛苦以表示拒绝分离的情绪状态。入园焦虑是由入园导致的生活规律及周围环境转变而出现的生理、身体方面、情绪情感方面以及交往活动过程中的一些不正常反应。

家园合作是幼儿园与家庭了解孩子的身心发展而携手达成某种教育目的的合作。基于缓解、有效克服入园焦虑中的家园合作，是研究探寻家园合作的方法和策略，为家庭教育提供教育观念、有效办法，引导家长积极配合幼儿园，增强新入园幼儿的适应性，帮助幼儿消除焦虑，让他们尽快进入群体环境，迈上其社会化的第一个台阶。

家园携手下幼儿入园焦虑适应性研究，在于疏导和缓解幼儿因为入园所带来的情绪情感、身体行为、安全感等方面的不适，消除由分离焦虑带来的陌生感和恐惧感，使幼儿从作息、生活习惯、环境适应等方面完成家庭到幼儿园的过渡，从生理心理和行为上做出调整，愉悦地接纳幼儿园生活。

三、疏导举措

（一）苦功夫下在入园前，建立家园、师生情感链接

一访——"三访"摸清底细，建立师生情感链接。"知己知彼，百战不殆。"入园前，教师以家长朋友的身份，到幼儿家中"做客"，了解幼儿的生活、观察幼儿的特点、联络师生感情、掌握家长的需求。在家访中用心处理好访前、访中、访后三个环节，做到访前细分析，访时巧沟通，访后成策略。家访前通过幼儿入园情况调查记录表分析幼儿的身体状况、生活习惯、兴趣爱好和性格特点，做到心中有数；家访时通过送入园欢迎卡、让幼儿看幼儿园班级环境照片、了解家庭教养情况、观察幼儿的行为、沟通科学育儿方法等赢得家长和幼儿的好感。特别是开展一些互动小游戏、约定小秘密、送幼儿园小朋友亲手制作的小礼物等方式进行亲密接触，建立与幼儿的情感

链接，引发幼儿的喜爱，消除幼儿对幼儿园、老师的陌生感。尤其要抓住幼儿的兴趣点，激发幼儿对幼儿园的向往；家访后对信息进行整理，对幼儿进行分析归类，确定重点关注幼儿名单，有针对性地制定新生入园活动方案。

一会——动员家长"断奶"，破解家长入园焦虑。对孩子的过度关注和爱护容易引发家长的"入园焦虑"，家长的行为、情绪会直接影响幼儿的入园焦虑，为家长"情感断奶"是必要的。幼儿园利用见面会"三引三导"，引导家长平和地对待幼儿入园焦虑的出现，理性地采取有效办法配合幼儿园帮助幼儿尽快适应幼儿园生活。从多个维度培训家长。聘请心理专家、中班家长、幼儿园教师等从不同维度、不同视角，结合具体案例，对家长进行培训，引领家长树立正确的育儿理念，帮助家长分析幼儿入园焦虑的原因，了解幼儿成长的特点和规律，引领家长保持平和的心态，理智对待幼儿入园后出现的不适应状态，缓解家长的焦虑情绪，引领家长形成安全意识，引起家长对幼儿着装的注意，关注安全教育。引导家长用正确方式与幼儿分别，疏导家长的焦虑情绪，引导家长用正确的行为和正面的方式与幼儿交流，帮助幼儿建立对幼儿园的美好情感。

一体验——开启"新家"模式，菜单式分段入园适应。正式入园前，邀请家长带孩子到幼儿园"做客"，熟悉幼儿园环境，开启"新家"模式，幼儿将自己的照片贴到衣帽橱、茶杯架、毛巾架上，选择自己的物品，让幼儿知道，幼儿园有属于自己的一片小天地，产生安全感。幼儿园设计多个菜单式时间段，家长和幼儿可根据幼儿的自身特点进行选择。对于分离焦虑、依赖感比较强的幼儿，建议幼儿在户外活动时间来园适应，减轻幼儿对幼儿园的焦虑和恐惧；对自理能力比较弱的幼儿，建议选择加点、进餐时间段入园适应；对于交往能力较弱幼儿，建议选择活动区活动时间来园适应，以有趣的游戏带动幼儿的交往热情，提高幼儿的交往能力。菜单式时间段，让家长在了解幼儿园一日生活环节的常规要求的同时，理性认识自己孩子存在的不足，在家庭生活中给予针对性的指导。

（二）慢功夫用在生活中，多种举措缓解入园焦虑

一是调整作息时间，家园一致，缓解幼儿的分离焦虑。幼儿入园后与家里不同的作息制度，会造成幼儿入园初期的紧张与不适应，鉴于此，幼儿园对初入园的幼儿的作息时间进行调整，适度延长午睡时间，适当增加游戏时间，晚送早接，缩短幼儿在园时间等。同时将幼儿园的作息安排告知家长，鼓励家长逐步调整孩子的作息，培养幼儿早睡早起、按时午睡、独立入睡等习惯，逐步把孩子在家的作息习惯调整到与幼儿园一致，以减少孩子入园后的焦虑。

二是培养自理能力，家园一心，缓解幼儿的生活焦虑。分离焦虑的产生与幼儿生活自理能力差、缺乏自我服务的技能有很大关系。幼儿园通过儿歌激趣、故事迁移与情感渗透、情境化语言渗透等多种方式训练幼儿独立吃饭、如厕、穿脱衣服和鞋子等生活自理的技能，例如，设计小水杯加油站，在小水杯卡通形象上标示出一杯水的容量，提醒幼儿每天要喝足量的水，以保证每日身体所需。再如，设计音乐畅想曲，在一日生活的每个环节播放不同的音乐，用轻柔、愉快的音乐声提醒幼儿，淡化幼儿在园的紧张情绪。为方便家长在家里帮助幼儿将学到的生活技能强化、巩固，班级建立幼儿生活记录单，将幼儿一日表现情况（如在园是否多喝水、吃饭有没有挑食之类家长关注的问题）详细记录，在家长接送幼儿时交给家长，使家长了解幼儿在园表现，并根据幼儿在家表现进行强化并记录。家校配合，不断增强、提升幼儿生活技能，减轻幼儿在园的生活不适。

三是创设友善环境，家园一体，缓解幼儿的环境焦虑。立足熟悉的物品会帮助幼儿建立起对幼儿园的亲切感这一原则，允许幼儿带一个自己特别喜欢的、特别依恋的玩具带到幼儿园，将爸爸妈妈的包、领带、丝巾放到娃娃家，将自己的作品张贴在活动室等，让幼儿在熟悉的物质环境中玩自己喜欢的玩具，获取亲切感、安全感。幼儿园帮助家长把活动区延伸到家中，让家长根据孩子的兴趣和需要，将小舞台、建构区、图书区、娃娃家搬进自己的家中，指导家长带领幼儿进行游戏，亲子智慧互动，家园互动。围绕家文化的打造，教师以亲切的态度、温和的语言、温柔的抚摸、温暖的拥抱唤起幼儿的愉悦体验，逐步建立起幼儿对教师的依恋，工作人员主动与幼儿交流，一声你好，一个温柔的微笑，让幼儿产生家的感觉，感受到被接纳、被关心、被呵护，从而更快地消除焦虑，平缓过渡。

四是多种方式沟通，家园一道，缓解家长焦虑。在与家长沟通中，幼儿园秉承"快""细""巧"的三字诀窍。"快"，让家长安心，通过微信、QQ等形式让家长第一时间触摸到孩子的第一次，第一次微笑、第一次专注游戏、第一个和老师的拥抱等；"细"让家长信任，孩子今天喝水了吗？大便了没有？睡觉睡了多长时间？有没有挑食？对这些琐碎小事的及时回应，是教师负责任、爱孩子的表现，教师的细心观察会缓解家长的焦虑；"巧"让家长认可，幼儿园推行"汉堡包式沟通法"，先说孩子的优点，叙述真诚，如香甜饼底，再结合具体事例谈孩子的问题，如营养蔬菜，最后点出可采取的策略，用专业获取家长认可，赢得家园合力。

（三）真功夫亮在活动中，家园合力，帮助幼儿融入集体生活

一是我与小树（小兔）共成长。入园之初，幼儿园让家长和幼儿共同栽下一棵小树苗、一株花儿、喂养一只小兔……植株上、饲养屋门上有宝贝的专属名片。日常活动中，教师带领幼儿给小树浇浇水、给小动物喂喂食，看看小花儿开了没有，看看小兔饿了没有。幼儿对幼儿园有了期待、有了责任、有了依恋，密切了与幼儿园的情感，加固了与幼儿园的联系。

二是专题活动融入集体生活。对初入园幼儿开展主题活动"我上幼儿园啦"，预设了幼儿入园后"爸爸妈妈和我一起玩""老师老师你真好""喜欢我""我爱我的幼儿园"四个周的活动。其核心价值是尽快消除幼儿的焦虑和不安，活动通过创设温馨、充满童趣的家环境，组织设计多种有趣的活动，引发幼儿参与，减缓其心理焦虑，将其对家长和亲人的依赖顺利转向对幼儿园、教师和同伴的依恋。在中大班开设"我爱弟弟妹妹""我是大哥哥大姐姐"主题活动，中大班幼儿牵着新生的手，陪他们玩积木、给他们讲故事，教他们洗手、如厕、喝水、穿脱衣服，带领他们熟悉周围的环境，同龄人的陪伴和爱护，让新生逐步消除入园的恐惧与陌生感。

三是特殊沙龙凝聚教育合力。随着孩子的入园，一些家庭教养的缺失也显露出来，如爸爸的教育空缺，爷爷奶奶的教育替代，单亲、留守家庭的教育失衡，针对这种情况，我们相继组织了"朝阳夕阳共成长""爸爸俱乐部""温馨约谈""专题沙龙"等活动，将特殊群体请进幼儿园，通过专题讲座、经验分享、讨论交流等形式（如在"爸爸俱乐部"中，小班瑞瑞爸爸分享了"爸爸的爱更有力量"）引发家长共鸣。特殊沙龙聚齐教育合力，平衡教育力量，更好地帮助幼儿成长。

四是亲子俱乐部"实验好爸妈"。各班将全班家长分为5～6组，每组选拔一名组织能力强的家长，节假日家长们以组为单位带孩子接触外面的世界，多让孩子去体验社会与家庭间的关系。小组串门活动、家庭周末踏青、假日家庭结伴旅游，使孩子们快速认识了解新伙伴，学会交往，消除焦虑。组建"实验好爸妈"家长志愿团，家长进校园、进课堂，参与课程建设，使家长的职业、阅历、特长成为幼儿发展的最大助力，增强了幼儿的自豪感和对幼儿园的认同感。

四、成效

实践证明，家园携手下的幼儿入园焦虑适应性研究，对缓解幼儿入园焦虑成效显著，不仅幼儿入园焦虑得到有效缓解，家园教育也达到高度和谐统一，形成优势互补的教育合力，实现了促进幼儿健康成长的教育目标。

近年来，幼儿园以幼儿入园适应快、综合素质高、后续发展强劲得到社会的高度认可，家长参与修订的课程方案《阳光照耀童心，绿色润染生命》获得山东省优秀课程资源一等奖，《基于"家"文化建设，促进幼儿社会性发展的行动研究》获得青岛市第四届教育科研优秀成果三等奖。幼儿园先后成功承办了青岛市校园安全现场会、青岛市随园保教现场会、平度市绿化现场会，举行了平度市"有效学、快乐玩"户外活动现场观摩会、结构游戏现场观摩会，幼儿园"幼儿园管理的情感化""生活活动的自主化""教育活动和区域活动的游戏化""安全教育的精细化"等方面被青岛《半岛都市报》《今日平度》和平度教育网信息平台报道20余次，关于家园合作缓解幼儿入园焦虑的研究被山东省远程研修推荐为优秀资源。管理工作经验亮点《在追梦中发展，在引领中提升》被国家级新闻媒体《中国教育报》报道。幼儿园被评为山东省家庭教育实验基地，多篇有关家园合作、缓解入园焦虑的论文在国家级刊物上发表、获奖，园长、多名教师入选青岛市、平度市家庭教育讲师团，并多次在区域内进行教育经验交流。

五、存在问题及工作展望

（一）存在的问题

1. 幼儿入园焦虑适应性研究更多的是关注了面上的、绝大多数幼儿的反应，并针对他们存在的普遍问题研究了办法、采取了举措。对幼儿自身特殊的性格特点导致的分离焦虑反应，研究较为肤浅、不深入，也未形成有效的策略。

2. 家长参与构建的"快乐润染童心，绿色蔓延生命"的绿色园本课程，关注了家长资源的利用，但课程模式还不够完善，内容还很浅薄，缺少家庭教育活动方案的汇编，仍需做深入研究。

（二）后续努力方向

1. 深化研究过程。在持续研究绝大多数幼儿分离焦虑的基础上，找出特殊性格的幼儿，关注此类幼儿的分离焦虑反应。成立攻坚组，重点关注安静型、躁动型、体弱型焦虑反应的内向幼儿及独行侠、自由散漫型焦虑反应的外向幼儿，研究缓解性格特殊的幼儿入园焦虑的有效策略。

2. 提升研究成果。在前期研究的基础上，梳理研究经验，总结成功做法，应用研究成果。将有效的做法、典型案例做深刻分析，形成文字汇编成册，作为经验并传承，发给新生家长作为入园家教指导。

总之，家园共育的研究永远在路上。在今后的研究中，实验幼儿园将会全力以赴，继续在追梦中发展，在引领中提升，用大度汇聚向心力，用坚韧凝结战斗力，用创新和超越缔造感召力，用爱心打造最前沿的品牌教育！

"融合型五会"搭起家园共育平台

幼儿园中幼儿的成长，不仅需要幼儿园老师的全身心投入，还需要家长积极付出。这就需要幼儿园更新教育理念，搭建良好的平台，引导家长参与幼儿园工作。幼儿园建设"融合型五会"（家委会、助委会、育委会、专委会、安委会），保证每一位家长都参与到孩子的成长，并发挥积极的作用。以平度市实验幼儿园为例。

一、家委会：促进家园深入交流

每一个新学年之初，幼儿园将会启动班级、级部、园所三级家委会组织网络的建设，在全园范围内组织家长们申报家委会委员。为了保证公平公正，我们还设置了竞聘答辩环节。在答辩过程中，各位家委会候选人纷纷结合自身优势进行了竞聘演讲，教师、家长代表投票打分，最终确定了各级家委会委员的人选。

家委会主要承担入园发现问题、参与幼儿园教育教学活动、进行管理监督、对家长教育等职责。家委会参与幼儿园每学年进行一次幼儿园发展听证会，依据幼儿园发展整体规划，提出建设性意见；每学期组织一次教师岗位一日体验活动，请家长到幼儿园做义工，亲身体验幼儿园工作，了解幼儿园教育教学情况，为改善幼儿一日生活提出建议；每学期举行两次家长开放日，邀请家长参与幼儿园的教育活动，使家长了解幼儿在园的真实表现，了解幼儿园的教育内容和方法，增加家长和幼儿园沟通的机会，收集家长对幼儿园发展的建议。

家委会坚持委员驻园值班制度，定期举行家园联系办公会，让家长知道老师工作的辛苦和幼儿园的发展情况，让幼儿园知道家长反映的各种问题。家委会还定期举行家校联席会议，由园长做工作汇报，让家长及时了解幼儿园的发展方向、教学的改革措施；请家长代表发言，让幼儿园听到家长的建议和意见。这个机制增进了家园之间的了解，很好地化解了家园之间的矛盾，促进了家园之间的合作。

二、助委会：助力融合课程实施

身着制服的周筱夏妈妈和张韶源妈妈一走进班级，立刻吸引了孩子们的目光。周筱夏妈妈是一名军人，她首先为孩子们讲解了中国人民解放军的职责使命以及不同军种的军装颜色和任务。其次，她将部队一日生活与幼儿园每日作息相比较，引导幼儿养成独立、自觉的好习惯。再次，她向小朋友讲解敬军礼的动作要领，并做了演示。孩子们跟着学敬礼，学得可认真了！张韶源妈妈在高速公路站工作，她告诉孩子们什么是高速公路，在高速公路上行车要注意什么，一旦堵车怎样确保安全。她还与小朋友们现场模拟了在高速上发生事故，怎样拨打救援电话、报告所在的位置等。活动最后，她为小朋友们分发了高速公路安全知识宣传彩页，让孩子们也将高速公路安全知识带回家。

以上是幼儿园助委会走进课堂的一个场景。

幼儿园助委会成立于2015年。经过认真探索，在助委会选定、委员进课堂整体安排、委员评价表彰、委员助教活动典型宣传四方面进行了深入谋划。助委会围绕"一点两式"开展工作。"一点"即"家长助教与课程融合"，"两式"即"请进式""请出式"。所谓"请进式"，是把家长助教请进来，利用他们的职业、兴趣、爱好、专业优势等，参与幼儿园课程融合开发。所谓"请出式"，是和家长助教一起走出去，利用他们提供的场所、基地（如自然村落、针织厂、生态农业基地、大棚蔬菜基地、养殖场、旅游景点）进行参观学习，为课程融合提供服务。

三、育委会：提供家长课程资源

2017年11月2日上午，山东省"家校社共育未来"现场观摩会在幼儿园举行，中间开展了"民间艺术美"主题活动，家长们拿出各自的"珍宝"，有保存了20多年的虎头鞋、有古色古香的木版年画，有小时候玩过的拨浪鼓……这些物品让孩子们眼界大开。户外活动专区，奶奶坐在蒲团上和孩子们一起编草编、姥姥扶着孩子稚嫩的手……原汁原味的平度民间艺术、千姿百态的幼儿作品，让来自全省各地的300多名专家流连忘返，不断发出赞叹声。

这次活动包含着幼儿园育委会的辛勤付出。

幼儿园设立育委会，是为了充分发挥家长提供课程资源的优势，让家长参与课程构建，助力课程落实，为促进孩子的健康成长服务。育委会委员有如下角色：一是作为幼儿园课程的提供者。幼儿园梳理家长情况，动员特定的家长为课程建设提供特殊的资源材料。例如，一个具有集邮爱好的家长为幼儿园提供自己的邮册，一个刚从非洲工作回来的家长为幼儿园提供有关非洲的照片、民间工艺品等。二是作为幼儿园课程的审议者。幼儿园吸纳部分家长参与课程审议，以发现教学策略上的问题和不足，发动家长提供更丰富的课程资源。三是家长作为幼儿园课程的评价者。家长参与课程建设的程度越深，课程评价成效就越好，也就越有利于课程的完善。

四、专委会：推动创意活动开展

2018年儿童节到来的时候，幼儿园大班级部全体老师和小朋友们共同发出倡议：情系思南，爱心义卖。孩子们将亲手制作的石头画、精致相框、水墨画等美工作品拿出来，面向全体家长、教师和幼儿进行义卖。用义卖得来的钱为贵州思南的小朋友精心挑选图书、水彩笔等物品。孩子们还给贵州思南的小伙伴写了一封信。本次义卖活动既使孩子们体会到了义卖的真正意义，又培养了小朋友友爱、善良的美好品质！

这次活动开展得既有意思又有意义。开展爱心义卖活动的这个想法来自幼儿园专委会的智囊团。专委会委员主要来自有创意的家长，他们发挥自身优势，协助幼儿园开展了一系列特色活动。

一是亲子俱乐部。各班将家长分为5～6组，每组由专委会委员家长担任组长，节假日以组为单位带孩子接触、体验外面的世界。专委会还组织小组串门活动、家庭周末踏青、假日家庭结伴旅游等活动，使孩子们学会交往。

二是特殊沙龙。随着孩子的入园，一些家庭教养的缺失也显露出来，如父教缺失，隔代教养，单亲、留守家庭的教育失衡。针对这种情况，专委会相继组织了"朝阳夕阳共成长""爸爸俱乐部""温馨约谈""专题沙龙"等活动，将特殊群体请进幼儿园，通过专题讲座、经验分享、讨论交流等形式，丰富家长的教育知识，提高家长的教育能力。

专委会还抓住各种契机，以多彩的活动（如"我健康我快乐"六一大型亲子游戏、"游戏点亮童年"幼小衔接家园交流会）助力孩子成长。

五、安委会：守护幼儿安全成长

幼儿园还有这样一群家长：早晨，他们带上袖章，在幼儿园门口站岗执勤，保障幼儿安全入园；上课时，他们和安全办的老师一起，巡查幼儿园的每一个角落，排除安全隐患；傍晚，他们的身影被夕阳拉长，陪伴着幼儿安全离园。

他们——就是被大家亲切地称为"守护神"的安委会的家长们。

安委会的家长除了保障幼儿入园、离园的安全外，在每月由医务室组织召开的幼儿伙食听证会上，他们还会和幼儿园的班子成员、伙房人员、班组长、保育教师一起，共同商讨幼儿伙食中存在的问题及改进办法；在每周三，他们还会分批走进配餐室，穿上厨师服，和配餐室的师傅们一起衡量幼儿膳食营养，优化配餐流程，保障幼儿健康、安全成长。

我们以家园共育为基础、以"五会"为平台，使幼儿园教育从封闭、独立走向开放、合作，让每一名家长参与幼儿的成长。在这个过程中，我们深深体会到，只有将工作做实、做细、做精致，才能赢得家长的支持、赢得社会的认可、赢得幼儿的未来、赢得教育梦想的实现！

多措并举齐润养 任务意识静绽放

　　《幼儿园教育指导纲要》指出：幼儿园应与小学相互衔接，综合利用各种教育资源，为幼儿的发展创造良好的条件。从实践中看，幼小衔接不仅是简单的知识掌握与技能形成的有效过渡，也不是简单地就上或从下，更重要的是通过创新课程实施与评价办法，提高家园协同度，帮助幼儿完成充分自然、由此及彼的顺畅的心理准备，进而形成明确的任务意识，在一定程度上降低幼儿对成人的依赖，帮助其在心理上将学习和自由玩耍区分开来，帮助其增强责任感，提高独立性，建立清晰的时间观念，具备独立完成任务的能力，更好地适应小学生活。

一、课程实施中渗透，任务意识潜滋暗长

　　幼儿园以游戏为主，保教合一，注重幼儿自然、主动的发展，但到了小学一年级，则以班级授课、知识传授为主，同时新知识的掌握、作业都需要在规定的时间内完成，这就使一些缺乏完成任务基本能力的幼儿产生焦虑和不安，严重的会变得茫然无措、无所适从。为了避免出现这种现象，我们坚持优化课程实施方式方法，注重各环节有效渗透任务意识，如同春风化雨润物无声，使幼儿的任务意识潜滋暗长。

（一）借力游戏，授幼以渔

　　游戏是孩子的天性，借由游戏，我们会催生更多培养幼儿任务意识的契机。例如，娃娃家的小朋友要去超市买东西，却总是有漏买的情况出现，这

时老师就可以角色的身份介入游戏，提醒幼儿在去超市买东西前巧用便笺记录，对简单的用心记住，对复杂的可以用图画或文字的方式记录。买完再请幼儿检查是不是"完成了任务"。

在这个过程中，幼儿不仅要学会记录"任务是什么"，还要记下"具体要求"，检查"完成结果"。将任务意识融入游戏之中，潜移默化地让幼儿掌握了记住任务和检查任务完成情况的方法。

（二）智慧点拨，明晰任务

明示强化。例如，在集体教学活动中，教师可用明示任务方法，有意地提醒任务意识发展较弱的幼儿按要求完成活动。例如，数学活动"认识椭圆形"，在操作环节，让幼儿观察"大熊猫"里藏了几个椭圆形，并将藏在大熊猫里的椭圆形用水彩笔画出来，这时，教师直接提醒幼儿："音乐一停，时间就到了，请小朋友记清任务，是画椭圆形哦！"通过时间提醒和语言强化的方式，让幼儿明晰自己的具体任务，从而达到顺利完成任务的目的。

暗引推进。例如，在区角活动中，教师可根据幼儿的个别差异，有针对性地引导其完成任务，以增强其任务意识。社会性区域"旋转小火锅"的游戏中，幼儿与同伴协商分工，一人配菜，一人炒菜。"配菜员"做到一半时，刚好"外卖员"来取餐，送走"外卖员"后，"配菜员"摆弄起了筷子，全然忘记自己配菜的任务还没完成。这时，教师以顾客的身份，提醒幼儿点的菜还没上，引导幼儿明确自己的任务，培养幼儿任务的责任感。

（三）巧借日常，多点开花

有句话说："要赢得孩子，不要赢了孩子。"在培养幼儿任务意识时，既要关注幼儿任务意识的持续性，又要允许幼儿有独立的想法。因此，教师可采用给孩子预留多形式小任务的方法。

首先，可以尝试给孩子布置一个需要每天坚持完成的小任务，如整理玩具、洗袜子、摆碗筷、读书打卡，并及时给孩子肯定，让孩子逐步习惯于有一个任务需要每天完成，养成今日事今日毕的习惯。

其次，在班级区域中，我们可借助一日生活中的点滴，来增强幼儿的任务意识，如在班级中设置准时签到台，每个准时来园的幼儿都可以在签到册上画下属于自己的人物形象，养成准时来园的习惯；设置水杯记录墙，完成每日八杯水的小任务就可以点亮属于自己的任务之星。通过这些方式，逐渐提高幼儿完成任务的能力，并变被动完成为主动完成。

二、评价指导中浸润，任务意识自然融合

（一）析微察异，延长任务机会

在培养幼儿任务意识的过程中，我们要求教师要善于观察，巧妙抓住机会，不着痕迹地培养幼儿的任务意识，并不断强化。

班里的自然角是自然生长赋予的课程，每天由幼儿负责照料，但产生新鲜感后，难免会出现懈怠。这对这种现象，教师充分利用了班级的"小小广播站"，通过播放幼儿照顾自然角的情况，激励幼儿认真完成老师布置的任务。

有一次，是调皮好动的唐林负责给自然角的小植物浇水，他入园后直接跑进了结构区，早把自己的小任务忘记了。早操之前，小广播员进行播报："今天我们自然角的小植物没有水喝，有的叶子掉了，这是怎么回事呢？"唐林听到后，马上意识到自己的任务没有完成，早操结束立刻到自然角给小植物浇水。小广播员对他的进步及时进行了表扬和肯定。此后，这个任务幼儿很少忘记。

以此为契机，我们还延长任务，引导幼儿在自然角自主认领自己的"自然亲密小伙伴"，每天布置观察任务，及时提醒幼儿认真观察"小伙伴"的细微变化，并用手绘的方式连续的表征记录，关注"小伙伴"的成长过程，进而不断提升任务意识。

（二）循序渐进，推升任务梯度

孩子的发展是一个缓慢的过程，需要我们安静地等待，任务意识的强化也是这样。任务的认领在实施时分为三个阶段：第一阶段，家长协助完成。教师把幼儿的小任务通过微信群、钉钉群通知家长，如搜集废旧材料，带领幼儿到户外去观察、去做记录等，由家长帮助幼儿完成任务。第二阶段，随机提醒完成。教师直接将任务告诉幼儿，这时家长要做的只是随时提醒，帮助幼儿完成任务。第三阶段，幼儿自主完成。让幼儿主动告诉家长，教师要求做什么，需要怎样完成，请家长来监督完成情况。通过以上三层步步深入的任务认领方式，幼儿能够逐渐养成良好的任务意识，并能更多的与家长沟通交流，更好地完成任务。

（三）读懂儿童，助力任务落成

教师与幼儿沟通时要表述清楚，易于理解，在布置任务时，要指令清晰，简明扼要，一次一个任务，不要罗列太多的理由或任务，否则幼儿会不理解，记不住。例如，"×××小朋友，请你去大四班帮老师借一支铅笔""×××小朋友，请你帮我把颜料送到大三班给刘老师"。教师交代完任务，可以根据情况加一个反馈，"老师说的话你听懂了吗？""能说一下交给你的任务是什么吗？"，以此来巩固幼儿对于任务的记忆。

当然，因幼儿年龄偏小，完成任务的过程中难免会遇到困难，甚至在简单的任务中犯错，教师千万不要批评指责。首先，要引导幼儿表达清楚困难出在哪个环节，可以通过哪些办法去解决。例如，幼儿总是忘记给植物浇水，可以提醒他写一张卡片放在桌子上，或者定一个闹钟提示；加餐时，做事慢，总是忘记做值日，可利用生活环节的"新闻播报"，让幼儿在乐趣中建立时间观念，养成做事不拖拉的良好习惯。教师帮助幼儿梳理之前方法的优劣，从而建立一些正确的认知。其次，也可以通过直观的爱的鼓励和肢体亲密接触来帮助幼儿，如竖大拇指、拥抱、拍拍肩膀，鼓励、帮助幼儿重新建立任务信心，激发他们独立完成任务的决心。

三、家园共育中延展，任务意识花开有声

推进幼小衔接，需要理念提升，需要措施跟进，需要循序渐进，更需要凝聚家园双方的力量，相向而行，协同共进，真正让幼小衔接落在实处。

（一）提供任务"菜单"，家园双向链接

我们用"任务菜单"链接起家园的共同力量。一是强化任务意识。大班下学期，我们有意识地布置一些与入学准备相关的任务，例如，准备明天要带的玩具材料和学习用品，每天自己整理小书包，提升自我服务能力，为适应小学生活做准备。我们利用卡片，引导幼儿用图示和简单的符号把任务画在"任务菜单"上。如此，教师布置任务—幼儿记住并完成任务—家长检查任务，三点结合，共同助力幼儿任务意识的培养。二是培养独立完成任务的能力。我们鼓励家长，采用建立备忘录的方式，让幼儿自己记录完成任务的情况。如明确完成任务时"先做什么……再做什么……最后做什么……"的步骤，让幼儿对要完成的任务有预先思考，并按照排好序列的"任务菜单"进行活动，完成任务。具备任务意识和执行任务的能力，有助于幼儿适应小学学习生活的要求，逐步做到独立完成各项学习任务。

（二）渗透任务"方法"，家园多效沟通

方法一：游戏助推。设计好玩的游戏推荐给家长，也能帮助幼儿增强任务意识。如任务大挑战——亲子传球游戏，幼儿根据家长的指令完成抱球转圈、递球等游戏任务，通过设计趣味性的小任务，不但提高了幼儿完成任务的主动性，而且增进了亲子感情。在游戏中，游戏任务的难度是递进的，从单一任务慢慢过渡到有两项甚至三项任务，从而逐步提高幼儿完成任务的能力。

方法二：相关绘本推荐。幼儿的生活经验比较局限，通过绘本能丰富孩子的生活经验，从中体会到不同的生活方式。我们定期通过公众号、班级群、图书漂流等方式，将适宜的绘本推荐给家长。透过绘本的媒介，巧妙地

给予幼儿必要的刺激和帮助，让其按时主动完成任务，给予幼儿在任务过程中独自克服困难、解决问题的机会，让其坚持完成任务。

绘本推荐

大班上学期	大班下学期
《排队啦，排队啦》	《小魔怪要小学》
《今天我值日》	《迟到的理由》
《等一会儿》	《小阿力的大学校》
《大卫上学去》	《同桌的阿达》

方法三：任务符号巧记录。大班幼儿的文字阅读能力与书写能力有限，初入小学的幼儿不能完全用文字来记录老师布置的作业，单纯记忆可能会不准确或遗漏信息。这时，家长和老师鼓励幼儿用图画或者符号记下自己需要完成的任务与要求，用"图文法"巧记录，在这样一个过渡期养成独立自主的好习惯。

（三）认领任务"项目"，家园同向强化

我们鼓励家长帮助、引导幼儿选择一项难度适中、活动量适宜的家务，作为自己专属的长期小任务，例如，负责给家里的小植物浇水、给小鱼喂食、饭前负责擦桌子、饭后收碗筷。幼儿完成任务，家长要及时认可和鼓励，如"看我儿子养的花，真好看！"以此来激发幼儿的积极性和责任心。长期坚持下来，幼儿就可以形成良好的行为习惯，学会主动承担并完成任务。

幼儿认领任务"项目"后，家长要及时提醒，明确任务完成的时间。一旦开始，就不允许以各种借口拖延时间（如来回走动，去干其他事）。家长还可给幼儿准备一个定时的小闹钟，通过规定好时间限制，让幼儿自我监督，自己控制好时间完成指令，以此强化幼儿的任务意识。

小任务认领阶段表现

第一阶段	第二阶段	第三阶段
能清楚记得认领的小任务	能够按时、主动做好认领的任务，做事认真负责	克服困难，坚持做好自己的认领小任务，有责任心

（四）实施任务"指令"，家园合力推进

每天一个小指令，可以帮助幼儿进一步加强任务意识。为此，我们和家长一起制定了指令认领参考图表。小指令可以分为两类：一类是转述家长的要求，例如，爸爸对幼儿提出小指令："请妈妈把卧室里的外套帮我洗一洗。"另一类是让幼儿直接完成，例如，家长直接对幼儿提出小指令："请把这本书放到书橱里，再帮我把冰箱里的酸奶拿过来。"小指令的难度应该是递进的，一开始指令的要求是一项，慢慢过渡到一个指令有两条甚至三条要求，逐步增强幼儿的任务意识。另外，我们引导家长根据情况，有意识地鼓励幼儿执行一些较为复杂的指令，例如，去奶奶家的时候，请幼儿帮奶奶做两件有具体要求的事情；去超市的时候，请幼儿记住几样需要买的物品。

指令认领参考表

第一阶段	第二阶段	第三阶段
记清楚家长的小指令	根据指令完整、准确地完成任务	根据指令分别完成任务，并能将结果反馈给家长

任务意识和完成任务的能力需要经历一个从无到有的过程，培养幼儿的任务意识更要潜移默化，长期坚持，才能减缓幼小衔接的"坡度"，使幼儿以最佳的心态迈进小学的大门。

践行"三创新，四突出" 阔步走进家园共育的新时代

家园共育如同一车两轮，同心同向方能阔步向前。近年来，我们依托"家文化"建设，实施"三创新，四突出"策略，关注家园共育，充分利用各类教育资源，多措并举，优势互补，促进幼儿园家庭教育指导工作迈向新台阶。

一、力求"三个创新"，引领家园共育工作的新变化

（一）创新"四会制度"建设，引领家园共育的新变化

为了保证家园共育，增强家教实践指导工作的制度化，我们设立了四会即家委会、伙委会、安委会、执教会，并努力建设"三有"的组织制度。

1. 建设服务型"四会"。我们充分发挥"四会"作用，积极引导家长参与服务、自我服务、相互服务，形成以家委会组织为核心，全体家长共同参与的服务新格局。

2. 建设规范型"四会"。为了促进家长对幼儿园的全面了解，加强家长参与管理的力度与广度，有效助推幼儿园进一步健康和谐发展。我们努力建设规范型"四会"。例如，家委会每学期进行一次幼儿园发展听证会，依据幼儿园发展整体规划提出建议和意见，参与幼儿园各项重大活动的组织。伙委会每月举行一次幼儿伙食听证会，商讨幼儿伙食中存在的问题及改进办法。安委会实行动态管理，家长自愿报名，对环境、设施检查等每周一小检，每月一大检，确保幼儿园无安全隐患。执教会下设家长助教团。助教团

成员通过定期的家长进课堂，完成助教活动。

3. 建设学习型"四会"。为了提高家长素养幼儿园特别重视建设学习型"四会"。主要从以下三个方面加强"四会"建设：一是引导家长学习幼儿教育的相关理论，紧紧围绕"素质提升，合育生效"的共育目标，着力加强家长的理论修养；二要精学业务，引领家长主动钻研教育规律下的科学育儿内容。通过执教会不断提高家长水平，让家长真正成为"行家里手"。三要博学知识。通过幼儿园的读书推介会向家长广泛推荐幼儿教育各个领域的图书。

（二）创新"家长角色"担当，营造家园合作的新空间

通过创新"家长角色"担当，在幼儿园课程建设、课题构建、案例教学法研究中，保证家长的全过程性参与、浸入式参与和发展式参与。

1. 以课程建设为契机，统筹推进家长的全过程性参与。

首先，让家长参与课程资源的提供。家长提供的具有特殊价值的资源进一步丰富了幼儿园课程内容。比如，我们在开展《民间艺术美》这个主题活动过程中，家长们将自己家里保存的虎头鞋、木版年画、拨浪鼓都拿出来了。中四班美工区有对皮老虎的装饰，家长就将保存了20多年的皮老虎也拿了来，帮助孩子们更深入地感受民间艺术的美，并进行创作。

其次，让家长参与园本课程的审议。汇聚家长"智力引擎"，增强课程的创造力。幼儿园充分挖掘家长的智力资源，让家长了解园本课程的建设，查找家园对幼儿认识上、教学策略上的问题和不足，发动家长提供更丰富的课程资源，形成更多的教育共识，增强园本课程的创造力。

再次，让家长参与园本课程的评价。家长参与课程建设的程度越深，也越有评价课程成效的愿望。我们请家长一起参与幼儿园环境创设观摩、早操评比、幼儿发展评估等，客观地审视和评价课程建设。只有当家长真正成为课程的参与者，才能实现幼儿园、幼儿、教师及家长的四方共赢。

2. 以课堂共建为目标，强力推进家长的浸入式参与。

我们成立实验幼儿园家长助教团，并实行"一点两式"的融合模式。家长通过助教团的方式进幼儿园、进课堂，和孩子一起"好好学习天天向上"，让家长在潜移默化中提升自我。

"一点"即紧紧围绕"家长助教与课程融合"这个点。所谓"请进式"融合，是把家长助教请进来，让具有职业、专业和技能优势等的家长直接成为执教者，参与幼儿园课程融合开发，共同促进幼儿身心全面和谐地发展。所谓"请出式"融合，是和家长助教一起走出去，利用他们提供的场所、基地（如自然村落、针织厂、生态农业基地、大棚蔬菜基地、养殖场、旅游景点）进行参观学习，为课程服务，促进幼儿身心全面、和谐地发展。

3. 以案例教学法为主线，助推家长的发展性参与。

幼儿园课程实施的过程可以看作多边共同体的对话过程。这其中包括教师与幼儿，教师与教师，教师与环境，幼儿与幼儿的对话互动过程。在这个多边对话共同体中，教师是这个共同体的一员，幼儿和家长从各自不同的角度也应该参与到课程设计的实践中，在实践中巩固其联系，也能使理论和实践合一。

家长特色资源既是园本课程资源中的重要组成部分，也可彰显园本课程的适宜性和开放性。幼儿园在研讨、设计、组织各种主题活动时，力求适应幼儿的学习兴趣和愿望，结合幼儿已有的学习经验，充分考虑将家长优势和资源搬进课程体系，让家长在参与课程的过程中实现发展。家长的参与和发展体现在三个方面：第一，在履行责任中发展。当家长把参与课程当作履行家长对孩子的责任时，才能在参与的过程中发挥积极性、主动性，才能充分感受到孩子的需要和老师面临的问题和需要，才能为幼儿的发展尽可能地提供服务。其实，对家长来说，拥有并履行责任就是使自己真正成为孩子基本的教育者，就是使自己成为幼儿园课程的积极支持者和参与者。因此，责任的拥有和履行就是发展。第二，在参与感受中发展。在参与和感受中发展。家长真正的发展是在参与和感受的过程中实现的。家长在参与幼儿园课程实践的过程中，真正了解了幼儿园的教育，了解了幼儿的教育需要，了解了教师为孩子所做的努力，了解了什么是家长的作用。例如，在家长助教团进课堂的过程中，家长可能会明白为什么有的孩子在老师讲课时不能集中注意力，通过参与家长会明白其中的原因。第三，在应对现实问题中发展。例如，家园共同解决小班孩子入园焦虑的问题、中班孩子培养其良好的行为习惯以及大班孩子幼小衔接等问题。

（三）创新"宣传方阵"建设，开启家园合作的信息化时代

随着信息化时代的到来，幼儿园积极开发"互联网+"的新型互动模式，通过多种平台，提高了家园互通的有效度。

先后开通网站、"平度市实验幼儿园"微信平台、开通"微家园"App、在实验好声音报开辟了"园长陪你做父母"专栏、建立了金言金语话家教、家长助教群、家长助教团、家长志愿者、安保群等8个微信群，共同研讨家教合作，分享育儿经验，提升家教品质和家园共育水平。

二、提升"四个突出"，增强家教实践指导中的四个导向

（一）开展"订单式"家长课堂巡讲，突出培训中的个性化导向

我们通过对家长的基本情况调研分析后，根据家长所长所需，把家长分为三种类型，并开展订单式家长课堂巡讲、培训，激发家长兴趣，挖掘家长潜力、启迪家长智慧。

（1）对活跃型家长，通过组织活动，让家长在当志愿者的过程中追求快乐。

（2）对领袖型家长，通过赋予权力，增强家长的主人翁意识。

（3）对配合型家长，通过制定切实目标，督导其不断助力。

例如，针对爸爸的教育空缺、爷爷奶奶的教育替代以及单亲、留守家庭的教育失衡情况，我们相继组织了"朝阳夕阳共成长""爸爸俱乐部""温馨约谈""专题沙龙"等活动，将特殊群体请进幼儿园，通过专题讲座、经验分享、讨论交流等形式。例如，在"爸爸俱乐部"中，小班瑞瑞爸爸分享的"爸爸的爱更有力量"让爸爸们明白孩子99%的成功来自爸爸1%的改变，引发家教共鸣。特殊沙龙聚齐教育合力，平衡教育力量，更好地帮助幼儿成长。

（二）立足"双进双促"，突出合作模式的多样化导向

1. 家长进园，多彩活动助力家园共育。

家长进学校，学习现代教育理念和方法，奉献智慧与才能，参与到孩子的教育成长过程中。在探索家园合作新模式的过程中，多彩的活动成为强有力的助推。"爱如夏花，激情飞扬"家园联谊会、家园双向交流会、月快乐分享、毕业典礼、"我健康我快乐"六一大型亲子游戏、"游戏点亮童年"幼小衔接家园交流会等，精彩纷呈。

2. 教师进家庭，助力家庭教育建设。

幼儿园积极践行"万名教师访万家"活动精神。通过教师自觉地走进千家万户，倾听家长声音，排家教之难，提升家园融合度。例如，在教师的指导下，家长根据孩子的兴趣和需要，将小舞台、建构区、图书区、娃娃家搬进自己的家中，进行游戏，实现幼儿园与家庭的完美对接，不断提升家庭文明建设。

3. 坚持走出去，开放性活动助力家园共育。

各班将全班家长分为5～6组，每组选拔一名组织能力强的家长，节假日家长们以组为单位带孩子接触外面的世界，多让孩子去体验社会与家庭间的关系，小组串门活动、家庭周末踏青、假日家庭结伴旅游，使孩子们快速认识了解新伙伴，学会交往，增强家园凝聚力。

（三）回应家长所需，突出课题研究的问题性导向

为了科学、高效地推进家庭教育研究工作，幼儿园专门成立了家庭教育科研队伍，推出了案例教学法，立足幼儿园家庭教育的现状，围绕家庭教育中存在的共性问题开展课题研究，突出问题导向，注重提升理论水平。在课题研究过程中，我们坚持"学、思、研、行"的立体化，不断在实践中逐渐将所思、所想、所感积淀，形成了丰厚的理论成果。

（四）厚植园所文化底蕴，突出文化引领的开放性导向

幼儿园多年来注重特色发展、文化引领、课程立园，坚持"文化校园"引领"文化家庭"，将幼儿园"让每一面墙壁都会说话，让每一个角落都能育人"的理念渗透到家庭中。例如，家园共育描绘出幼儿园的风雨长廊，在合作中既渗透了家园共育理念又激发了家长参与的积极性。

教育新时代的新常态，呼唤着新生态，我们一定会进一步践行"三创新，四突出"，强有力地走进家园共育的新时代！

走 散步去

"散步"是每天都会发生的小事。《幼儿园保育教育质量评估指南》提出："教师要以亲切和蔼、支持性的态度和行为与幼儿互动，幼儿在一日活动中是自信、从容的，能放心大胆地表达真实情绪和不同观点。"这一次，我们以更为自由开放的脚步建立幼儿与周围的亲密关系。

一、缘起

一天，乐乐不经意的一句话——"老师，我们现在升大班了，为什么每次散步你还倒着走"引起了孩子们的兴趣。"因为老师怕我们摔着，有的小朋友乱跑，还有的小朋友会调皮……"孩子们七嘴八舌地说着。随着班级心愿兑换行动的开展，瑞瑞的心愿是"可以自由自在地散步"，这个想法得到了其他孩子的支持。

李子赫："最好可以不排队散步。"

王若一："我想找一个地方多待一会儿。"

冰冰："能离开老师自己散步吗？"

……

教师思考："有一种担心叫老师觉得我还小"，通过一件小事"散步"读懂了孩子们内心的真实想法。随着年龄的增长和心理各方面的发展，大班幼儿不再满足于追随、服从老师，而是有了自己的想法和主见，他们活动的自主性、主动性水平明显提高。教师要及时关注幼儿在活动中的行为表现，创造适当的条件，放手、放权，提供有针对性的支持。

二、初次放飞

自由地散步，就如同自由地表达，隐藏着我们的生活态度、思考方式，在幼儿园散步，是一件正经事。根据孩子们的提议，我们进行了初次尝试。

刘佳："我第一次这样散步，感觉很刺激，我和冰冰走到了小竹林，小石桥真好！"

李一心："我感觉很棒，很爽。"

顾程旭："散步的时候，我觉得很开心，因为在家里妈妈不让我自己去楼下玩，在幼儿园可以和好朋友一起散步。"

张其恒："我不知道什么时候要集合了。"

······

教师思考：初次尝试后，每个幼儿体验的感受是不一样的。在没有约束的路途中，每个幼儿的关注点和乐趣也不尽相同，如幼儿缺乏时间观念、突然自我放飞，给班级常规和安全带来了很大的挑战。而做好幼儿入学准备教育，养成良好的时间观念、规则意识、安全保护等对于即将步入小学的幼儿来说尤为重要。

三、脑洞大开

散步地点、内容、规则倘若都由教师全程制定，幼儿的积极性、主动性得不到更好地发挥，这样忽视幼儿主体性的散步活动，达不到餐后散步的真正意义。因此，我们对面临的问题（如怎样散步可以"散"而不"散"？安全问题怎样保证？）进行了有针对性地讨论。

（一）阶段一：散步时，怎样保证我们的安全？

解决幼儿散步时的安全问题首先要从幼儿生活的已有经验出发，从他们真实的生活情景中寻找答案。

张天心："散步时不乱跑，不踩井盖。"

张小木："上下楼梯沿右边走，一个接一个走，不拥挤。"

官子欣："可以设定时间，散步时间到了在教室门口集合。"

岳博文："我们制定散步规则，这样就能保护我们的安全了。"

……

通过讨论，由此能看出大部分幼儿都能围绕自由散步时的安全问题给予解决的办法，且多是从日常生活中的经验出发，具有基本的安全保护常识。那么问题来了："为什么大家都能想到解决的办法，而在自由散步时都做不到呢？"讨论与分享自然而然地开始了……

幼儿1："因为我看到小朋友跑，我也忍不住想跑。"

幼儿2："我有时控制不住自己。"

幼儿3："我和好朋友一起散步太开心了，玩着玩着就忘记时间了。"

幼儿4："幼儿园的院子太大了。"

教师：原来，大家散步时都能找到出现的问题及原因。我们怎样解决这些问题呢？

基于大班幼儿已经有非常丰富的游戏经历和分享的经验。于是，教师与幼儿就之前的问题与办法进行梳理，总结如下图所示。

如何安全地自由散步

↓

树立时间观念 ⇒ 培养规则意识 ⇒ 制定路线图

（二）阶段二：滴答滴答……

讨论中，小朋友提出"20分钟的散步时间有多长，具体能做哪些事情""探索计时的多样性"等各种细节问题。于是，教师设计"我的20分钟"时间规划表，让幼儿回家和家长一起制订散步计划，感受20分钟能做哪些事情。第二天，小朋友纷纷带着自己的计划表来到幼儿园进行分享。

教师："小朋友，你们都制订了哪些散步计划？"

官子欣："我和妈妈在家体验了20分钟能做好多事情，散步时，我用3分钟先看小兔子，5分钟和好朋友观察植物，5分钟去小木屋坐一会儿，6分钟去农家院，1分钟回到教室门口。"

张小木："我想用7分钟在小山坡玩轮胎，2分钟在走廊自由散步，4分钟玩洞洞板，3分钟看书，2分钟去娃娃家。"

岳文博："5分钟玩我喜欢的乐高，5分钟去植物角，6分钟到巴比特小屋，剩下的6分钟带小班的弟弟玩。"

晴晴："我最喜欢幼儿园的大锅灶，我10分钟去大锅灶玩，7分钟的时间待在木工坊，1分钟走回教室。"

……

在幼儿的分享和讨论中，"我的20分钟"时间安排逐步清晰。时间的安排上听上去比较简单，但孩子马上发现了问题。

幼儿1："晴晴的时间安排不到20分钟。"

幼儿2："张小木在山坡玩轮胎属于剧烈运动，老师说过饭后不能做剧烈运动，而且她的计划中，没有留出回教室的时间，这样集合时就会迟到。"

幼儿3："岳文博的时间安排超了2分钟。"

幼儿4："制订'我的20分钟'计划，要用到加减法，我们最多加到10，用20减时也容易出错。"

幼儿5："我们可以先画出想做的事，再分配时间，用我们的雪花片，拿出20个，一个一个地加或者从20个里面减……"

教师思考：此次计划的分享，幼儿兴趣浓厚，既满足了自由散步的愿望，又能做自己喜欢的事情。在活动中，幼儿发现同伴的时间、活动安排存在不合理的地方，并能及时做出调整。有的幼儿散步安排的时间超时，有的时间短，有的活动属于饭后剧烈运动。

"我的20分钟"时间安排看似简单，但对于幼儿来说有一定的难度，而且还是一个"加减运算"，每个活动的安排都涉及数字、分钟。大班幼儿进行的是10以内的加减运算，通过幼儿提出的问题可以看出，幼儿当前的能力发展水平，和为"20"的运算显然超出了他们现有的能力范围，教师也一直担心"超纲"的问题，由此看来，在幼儿感兴趣的活动中进行加减运算迎刃而解，并能做出合理的时间安排。

（三）阶段三：益智区中的散步日

一天，活动区讲评分享"我的20分钟"散步感受时，悦悦提出："老师，靠近餐厅的木工坊很受小朋友的欢迎，散步时，楼梯口经常会发生拥挤，这样很危险！人太多，还堵住阿姨收放餐车……"

教师："你发现的问题确实存在安全隐患，需要及时解决，小朋友有什么办法解决这个问题呢？"

乐乐："我们一起制定散步的规则吧。"

悦悦："对，我们尽量到人少的区域散步，减少拥挤。就像选择活动区一样，人满了我们就重新选择。"

乐乐的主意得到了小朋友们的一致认可，教师在益智区投放了"规则图卡"，幼儿自主增设了散步规则。

教师思考：规则的制定给幼儿带来了新的难度。一方面既要合理设计散步计划，同时还要参考"热点"散步区域，临时调整原有计划，增加了幼儿随机应变的能力。另一方面，自制"规则图片"也帮助幼儿理解行为规则的必要性，进而迁移到生活中去。具有一定的规则意识、自觉遵守各项活动规则，对幼儿来说也是一种挑战，有利于幼儿入学后积极遵守小学的班规、校规，赢得同伴、老师的接纳和认可，较快融入新集体。

（四）阶段四：强烈推荐

随着活动的推进，小朋友在自由散步中与奇妙万物相遇，一次次地选择、尝试，以最本真的视角，开始慢慢关注散步的实际路线，建构我、我们的"附近"。

诺一："现在小朋友散步遵守规则，真是太好了！"

李子赫："如果幼儿园也设计和马路上一样的车道线、斑马线就好了，这样我们散步会更方便……"

于是，李子赫的想法引起了孩子们的兴趣，强烈推荐他的建议。教师为幼儿提供"我的线路图"记录表，在后来的调整中，孩子们发现"散步计划"与"规则图片"结合，可以形成一幅完整的线路图，在一次次的讨论及再次实地观察后，孩子们的路线图渐渐有了雏形。我们在走廊拐角、大厅门口等容易发生安全隐患的地方，设置老师观察点、安全标志牌，满足幼儿散步的需求。

教师思考：教师把线路规划的权力交给幼儿。幼儿在行动中思考，在讨论中优化。教师随时观察幼儿、收集相关信息，从而发现问题并解决问题，让散步路线可以得到良好的实施。"会说话的环境"让幼儿在锻炼身体的同时发展了幼儿的自主、合作、协商、交换等能力，为幼儿在入学准备的社会性发展奠定基础。

教师小结如下。

1. 春风化雨润物无声，助益幼儿入学准备。

幼儿园入学准备指导要点中指出："引导幼儿逐步树立时间观念。通过多种方式，引导幼儿在日常生活和游戏中感受时间，学会按时作息，养成守时、不拖沓的好习惯。"我们源于生活，在游戏中开展学习，为幼儿提供学习的支架。通过"我的20分钟"时间安排，幼儿不但逐步树立了时间意识，而且在无意中自然地、由此及彼地进行了20以内的加减运算。这个活动帮助幼儿养成良好的学习品质，帮助幼儿日后顺利融入小学学习生活。

2. 源于生活，服务生活。

在自由散步中，每一个行走的儿童将各个地点、事物、人编织在一起，过程中的体验、连结、创造都将转化为儿童未来生活的能力。从小班的"领走"到"跟走"，从"整班"到"自由"，沐浴阳光，自主有序，漫步校园，体验不一样的散步之旅带来的惊喜。幼小衔接贯穿于幼儿的三年幼儿园时光。教师凭借以往的散步经验和回忆、自发生成的想法及有关的决策，如设计安全标志、制定散步规则、在活动中教师给予支持，实现了游戏源于生活需要，又服务幼儿真实生活的积极价值。

　　未来，一定有更多的未知，等着孩子们去发现、去探索……

非常时期 好习惯 好生活

——疫情防控期间幼儿居家生活指导

一场突如其来的疫情，让一切变得不同，孩子们只能各自在家。随着时间的延长，不少家长和孩子开始坐不住，如何实现居家成长，让孩子在家做什么和怎么做，是我们当下应该思考的问题。

一、做什么

（一）尊重兴趣

兴趣是最好的老师，在家安排的内容尽量尊重幼儿的兴趣。家长可以和孩子一起讨论，共同制定一个居家生活的方案，把一日生活、游戏、运动，变成一张作息时间表：几时起居，几时游戏，几时锻炼身体，几时做家务，一份自己参与制定的、有规律的、动静结合的作息安排会让孩子平静而愉快地接受。

（二）内容丰富

幼儿居家活动的内容应该多种多样，和爸爸妈妈一起读一本喜欢的绘本、做一个有趣的亲子小游戏、独立做一个手工小制作、欣赏一下风格各异的音乐、做一些力所能及的家务，都有助于孩子的成长。另外，长时间居家，一定要保证幼儿每天有适量的体育活动，亲子体育游戏、简单的体育活动，有助于孩子增强体质，提高身体的免疫力。

（三）良好习惯

长时间的居家，良好的习惯培养不可忽视。合理饮食，有一定的属于自己的自由自主的空间。在温暖有爱的家庭环境里，在爸爸妈妈的陪伴下，好习惯潜滋暗长。

（四）适当留白

不要用所谓的"学东西"把孩子每天的生活都填满。我们希望孩子能够自主，学会自我管理，家长甚至幼儿园就要减少控制，给孩子自由的空间。在家中可以每天拿出一段时间，全家人都做自己喜欢的事情，孩子们学习自己将自己安顿好。

二、怎么做

（一）游戏

游戏是孩子们的天性。面对这场灾难，我们如何过滤信息，为孩子解答困惑？如何避免这样的事件给孩子带来的阴霾？游戏是最好的方式。另外，尽量保证孩子每天有自由游戏的时间。

（二）视频

发挥班级"亲子互助团"的作用，4～5个家庭为一组，小伙伴们之间视频交流，聊聊在家的活动，回想一下幼儿园的美好时光，缓解幼儿在家单调、烦闷的情绪的同时，提高幼儿的交往能力；家长之间视频交流，分享一下亲子活动的心得，交换一下陪伴孩子的体会，提高亲子陪伴的质量，增加家庭之间的友谊。

（三）互动

幼儿园、教师定期在微信公众号、班级家长群推送适宜的游戏内容、居家指导意见，引导家长选择内容，有序安排幼儿的生活。

（四）展示

教师也可以在班级群定期发起一些活动，推送班级活动的照片或视频，组织幼儿在群内进行一些简单的展示和交流活动，感受同伴和老师的陪伴，增加幼儿之间的情感。

　　教育的最终目的是更好地生活。在特殊时期，幼儿园、教师和家长都要以"静气"审视教育，透视孩子的成长和发展，一起创造更好的生活。

童心，来自孩子游戏的快乐

孩子的灵魂属于明天，属于你做梦也无法抵达的明天。

——纪伯伦

游戏 让儿童成为最好的自己

　　游戏是儿童发现世界、找到自己的最有效路径。近年来，我们紧密结合本园实际，以户外游戏与理念提升为切入点，由浅入深地开展研究，初步建立起了具有幼儿园特色的游戏研究与实施体系。

　　一、画像图说、加减乘除，原生态、多维度打造天然游戏场

　　一个真正适合儿童的户外游戏环境，一定是有灵魂的，是用儿童视角，以儿童优先的。为此，我们通过"画像图说"的方式倾听和收集孩子们内心的声音。

　　大班的嘉阳："南院的土坡太矮了，也太少了，我喜欢高高大大的。"

　　梓涵："如果有一座在树上的小屋，那一定很酷。"

　　小班的小豆丁："那个大滑梯太高了，我们不愿意玩。"

　　……

　　综合考虑了孩子们的游戏需要、意愿、运动、交流交往等因素之后，我们灵活运用"加、减、乘、除"的方法，追随儿童，打造天然游戏场。

　　（一）做加法，区域价值挖掘最大化

　　幼儿园户外场地开阔，环境优美，有青草绿树、缓坡长廊，花果繁盛，我们充分利用得天独厚的条件，挖掘区域价值。

　　我们根据孩子们的意愿，精心设计了木屋、树屋、竹屋，风格各异，既有盎然的童趣，又有田园的质朴。同时，我们尽量兼顾游戏性和运动性。以树屋为例，有攀爬的木梯、滑下的绳索、孩子们最喜欢玩的秋千等。在这个小屋里，孩子们可以爬上跳下地运动，可以举目远眺，可以结伴游戏，也可以什么都不做，只是静静地待在小屋子里，任意想象……

（二）做减法，因地制宜最优化

南院北端有一片竹林，因为在边角且青竹繁茂，一直没有得到充分利用。我们观察孩子的游戏与互动，用力做减法，带领孩子们进行疏剪，放上桌凳，扎起竹屋，拉起秋千，并投放了纱巾、皮筋、铲子等材料。孩子们在此挖竹笋、打阻击战、过家家……潺潺流水，青青翠竹，风致动人，美与游戏完美交融。

（三）做乘法，进得去，有得玩

充足的材料是幼儿游戏的基础。就像一开始嘉阳说的，南院的山坡坡度、长度都已不能满足幼儿的游戏需要，因此，我们拉进了60多卡车的土，动用三台小型挖掘机，将坡地向两边延展，中间则增加高度。对山坡上这棵树，试玩的时候我们按照孩子的设计，将其修剪，拉上皮筋，做成了一个巨型弹弓，非常好玩。孩子是天生的游戏家。

（四）做除法，拆得开，用得巧

对小豆丁们不愿意去玩的大型玩具，在经过仔细研究后将其拆分，巧妙地运用到各个区域中，产生了奇妙的组合。把两个大型顶棚分别放到陶泥区和木工坊，遮阴挡雨，增加童趣；滑梯卡在树上，相得益彰；滑梯立在树上，还有比这个更合适的滑索蹬梯吗？几块滑梯侧面被孩子们看好，搬进美食街，变成温馨的餐厅卡座；原来的攀爬架，成了山坡上的屏障；迷你娃娃家、螺旋大爬梯……都是把大型玩具拆分组合而成。

整个游戏场彼此联系、有机整合、互相交替，不仅仅用于孩子们的游戏，更成为孩子们探究发现、材料创新、游戏生发的基地。

二、四步四环、分享表征，全方位、多层次挖掘区域游戏价值

（一）游戏开展四步走

自主游戏的开展，我们实行四步走的方式，即定点—研究—循环—融合，先将所有区域划分为五大片，不同年龄班组合，固定游戏地点，每两个周轮换一次。定点玩的一个重要目的是通过时间、地点相对固定的游戏区域，保证幼儿游戏的持续和深入，为区域游戏中的深度学习提供可能性，同时不同年龄组幼儿间的互动和交流也会自然生发。另外，游戏定点也能让老师们静下心来连续地观察幼儿的游戏，研究本区域设置、游戏材料的适宜性，进而实现不断地改进和优化。

在定点—研究—循环过程中，我们将每周三上午定为"游戏嘉年华"时间。在这个大自主的时间里，在全园游戏区域教师定点，幼儿打破班级、区域限定，自由结伴，自愿选择区域，自主选择材料和玩法。这种广阔的自由空间，更多、更丰富的游戏体验，自己能把控、能胜任的满足感，让这一天成为孩子们最期待、最向往的时间。

（二）分享表征四环扣

我们尊重幼儿自主游戏的权利，但游戏中自主的能力却需要教师基于专业观察的支持和智慧引导。因此，游戏后分享表征时，我们把握"三个灵活"：灵活组织同伴分享，灵活进行图画表征，灵活还原游戏现场，并逐渐明晰游戏后师生对话的组织路径。

环层目标	问题路径
第一环：共感体验，帮助幼儿回顾与梳理	玩了什么？怎样玩的？游戏中发生了什么？
第二环：问题推进，引发幼儿讨论与交流	为什么会这样？你是怎样解决的？
第三环：高阶思维，促进幼儿思考与猜想	谁有更好的办法？你同意谁的观点？为什么？
第四环：明确支持，推动游戏延伸与拓展	下一次你想怎样玩？需要什么样的帮助？

三、观察图表、游戏案例，多途径、多渠道助推优质师生互动

（一）观察图表助推师生互动的有效性

"观"是以视觉为主，"察"则有省察的意味，观察不仅要看到游戏的发生发展，还要思考其动向和本质。因此，我们针对班级教师观察情况进行了明确分工，教师1：扫描式观察（关注整个场地的幼儿安全、各区域幼儿分布、游戏情况）；教师2：扫描+定点（关注整体区域游戏材料使用情况，个别区域幼儿游戏行为、状态、互动等）；教师3：定点+跟踪（关注小组幼儿游戏探究、问题解决、创造性行为等，关注个别幼儿的语言、交往等游戏进展和幼儿个体发展情况）。细致的分工帮助老师有目的、有指向地明晰观察的目的、要解决的问题。

教师一般采用"观察图表+图片+视频"的方式观察、记录幼儿游戏行为。观察聚焦"三个关注"，既要关注"幼儿游戏的'哇'时刻"，还要关注"课程创生的链接点"，更要关注"寻常时刻的自主性"。

（二）游戏案例呈现师生互动的反思性

有思，方能行远，我们借助案例撰写助推教师游戏研究的纵向深入。案例撰写原则上要求全员参与，通过骨干教师打样（全员学习《游戏 学习 发展》的基础上，骨干教师结合具体游戏案例用心琢磨，撰写样板）——全体教师学样（针对骨干教师分享案例，结合自己的学习，研讨交流案例撰写的体例、要求和关键点）——人人精心出样（原则上两周上交一篇游戏案例，由级部主任、业务负责人层层指导、修改、打磨）——集结案例精品（选择优秀的游戏案例在级部集备、全园教研时进行分享交流和展评，并发布在幼儿园公众号，结集《优秀游戏案例集》）四个步骤，帮助老师学会正确地撰写、打磨游戏案例，提高游戏研究水平，进一步提高师生互动和教师反思提升的质量。

四、线上线下、问题导向，多线条、多领域激发教师深层次游戏研究

（一）专家引领，研讨提升

我们通过线上、线下学习，先后聆听了虞永平、丁海东、董旭花、韩冰川等专家的讲座，选派骨干教师参加了"幼儿园课程游戏化有效实施"高级研修班，走进淄博市直机关第三幼儿园，将教体局每月的学习清单落到实处，扎实、有效地学习帮助教师领会游戏精神，重塑游戏理念。

（二）视频解读，读懂儿童

视频记录是最好的客观描述，视频重温是最好的解读方式。我们将解读游戏视频作为教研活动的常态，运用三维解读的方法，通过分层级解读不同游戏视频、全员解读同一个游戏视频的方式，深度分析，反复螺旋，切实提高教师读懂儿童的能力。

第一维度，指向幼儿的游戏目标：他（他们）做了什么？怎样做的？成功了吗？遇到了什么问题？怎样解决的？

第二维度，指向幼儿的游戏需求：你关注到了哪些细节？细节透析了幼儿怎样的需求？在这个过程中教师需要介入吗？怎样介入？为什么？

第三维度，指向幼儿的发展解读：游戏中幼儿有哪些学习和发展？看到了幼儿怎样的学习规律和特点？教师需要提供怎样的支持助推幼儿的进一步游戏和发展？

（三）问题教研，答疑解惑

针对幼儿园年轻教师多、问题多的情况，我们采取"教研小纸条"的形式，对个性问题当场解答、对共性问题集体教研的方式及时为教师答疑解惑。

大自然希望儿童在成人以前就要像儿童的样子。今后，我们将继续以幼儿发展为先，根植游戏活动研究，厚植优势与特色，让儿童在游戏中发现更美好的自己！

运动绽放快乐 健康促进成长

——幼儿园户外活动的组织与指导初探

为了促进孩子的健康发展，切实提高课程实施质量和水平，我们以《幼儿园教育指导纲要》为准绳，以《3～6岁儿童学习与发展指南》为指导，充分挖掘自身资源优势，开展了幼儿园户外活动的研究。

一、用心研究场地——"大"而"活"的场地为开展户外活动奠定基础

（一）让环境会说话

一踏进幼儿园，就像进入美好的童话世界：路面上，有富有情趣、五颜六色的大大小小的圆圈，孩子不由自主地玩上几次跳房子、跳格子的游戏；草丛边的轮胎、草地上的五彩小蘑菇，成了孩子们的独木桥，跳一跳，走一走，发展平衡、跳跃能力；墙上那串硕大的葡萄成了孩子练习攀爬最理想的场所，那些可爱的动物头饰又成了练习投掷最好的地方；北面的沙池细腻、柔软，可挖可塑；南面的水池到了夏天，溪流潺潺，其乐无穷；小树林里，灵巧的身影绕来绕去，极大地锻炼了幼儿的动作的协调性。学者无心，教者有意，精心的设计，让幼儿园处处能运动，处处显生机。

（二）让场地"活"起来

户外活动场所、设施长年累月地摆在那里，时间长了，孩子就会失去兴趣。如何让这些固定不变的设施、器械常玩常新？我们尝试给这些场所赋予

新的游戏情境，或增添竞争的氛围，让场地、器材"活"起来。很多老师可能没有留意到我们南园的变化：我们充分利用南园有山坡、有树林、高低不平的地域优势，针对大班孩子比较热门的"CS真人秀"，组织老师们精心设计、挖掘了地道、战壕、山头等，并添加了一些简单的辅助材料，如纸盒、纸球、轮胎、废旧木板，变成了进退得宜、可防守、能进攻的野战训练基地。孩子们两军对垒，敌我分明，战术、战略有讲头。刚开始，孩子们特别是大班的男孩对这个场地特别"疯狂"，户外活动争着抢着都要在这里玩，有时候放学了还经常看到孩子们自发地组织军团在这里战斗。整个活动中，孩子们得到的不仅是身体动作多方面的发展，更多的是学会了勇敢、挑战、坚持和合作。

同样是这片山坡，在小班的体育活动"小老鼠找食物"中，我们又赋予其不一样的精彩：放器械的小屋子变成了小老鼠的家，挖好的战壕成了储存粮食的仓库，蜿蜒而下的水道变成小老鼠的地道。在老师们的精心构思下，这些司空见惯的场地器械不断鲜活起来。

二、细心研究材料——丰富多彩的活动器材，为户外活动添羽丰翼

（一）变废为宝

我们遵循"安全、实用、美观、耐用"的原则，以级部为单位进行分工搜集和制作，使各班所做的器械不雷同，又确保了器械的多样性，同时又避免了老师的重复劳动。到目前为止，我们制作的自制玩具达20多种，几百件，孩子们受益无穷。

（二）一物多构

在游戏材料的制作过程中，为满足不同年龄段、不同发展水平幼儿的需要，我们提倡教师"一物多构"。同一种玩具，规格可以不同（轨道长短不同）；同一种玩具，设计也可以不同（隧道：小班幼儿钻爬，中班幼儿练习钻爬、滚动、跳跃）；同一种玩具，制作材料可以不同（舞龙材料：易拉罐

瓶、奶箱、丝巾、废纸筒等）。

（三）一物多玩

"一种物品，多种玩法"：大班的轮胎和梯子是全能的活动器材，可用于跳跃、平衡、攀爬。因为有了这样的活动器材，孩子们的身体得到了全方位的锻炼。中班的棍棒到了孩子的手里就像是有了魔法，变成小河，变成太阳，变成房子，变成跳绳，变成呼啦圈，变成棒球棍，层层递进，花样翻新，乐趣无穷。对小班的球、毽子、尾巴也是尽可能挖掘多种玩法。户外活动中，我们鼓励孩子一物多玩。他们的想法常常会超乎我们的想象。每变换一种玩法，他们都会产生新的兴趣和新的激情。最终使孩子们学会选择，形成个性，体验成长的快乐。

（四）一物多层

《3～6岁儿童学习与发展指南》中明确指出，要尊重幼儿发展的个体差异。因此，在投放每一种材料时，我们都考虑到材料的层次性，确保每个孩子都有成功的体验和健康的发展。如高低不一的平衡木、开口大小不同的投掷箱、宽窄和长短不同的障碍设置，辅助材料的难易程度也有区别。其目的就是充分理解和尊重孩子的个人差异，通过这些有层次的设置，对每个孩子的"开花""结果"充满期待，支持和引导他们向更高水平发展。

一物多构，一物多玩，使得体育活动不再是单纯的身体活动，它伴随着孩子们认知、创造和解决问题的过程，所实现的价值是多方面的。孩子们在快乐、有趣的活动中增强了体质，拓展了思维。

三、精心研究孩子——适合的才是最好的，让孩子玩自己喜欢的

（一）尊重孩子的兴趣

因为喜欢所以爱玩，孩子就是这样简单。在户外活动开展过程中，我们注重情境性与趣味性的结合，让孩子们玩得开心，玩得有趣。

结合孩子们最喜欢的动画片《喜羊羊与灰太狼》，我们把《老狼老狼几

点了》改编成《灰太狼灰太狼几点了》。在耳熟能详的动画片情节的铺垫下，孩子们的兴趣一下子被点燃了，游戏的内容、情节被自然地拓展，情节的深入，伴随的是游戏难度的增大，收获的是孩子动作能力和解决问题能力的进一步提高。

又如，对跳皮筋的游戏大家都很熟悉，但是想要几个孩子一起协调跳好，就必须有统一节奏。动画片《西游记》的热播为我们提供了很好的素材，我们将童谣引用到"跳皮筋"游戏中，"唐僧骑马咚那个咚，后面跟着个孙悟空，孙悟空跑得快，后面跟着个猪八戒，猪八戒鼻子长，后面跟着个沙和尚……"孩子们边唱儿歌边有节奏地跳，男孩也被吸引过来，说说玩玩中达到了锻炼的目的。同样，"奥特曼""小魔仙""葫芦兄弟"这些孩子们既崇拜又喜欢的动画形象也被我们引用到了户外体育游戏中。孩子们参与游戏的兴趣不断提高，也使户外体育的价值不断增强。

（二）尊重孩子的选择

游戏只是一个载体，我们的最终目标是让孩子们玩得开心，玩得有兴趣，玩得有发展，而不是让孩子为了锻炼某种技能而按照老师的设计机械、循规蹈矩地练习。譬如，有一段时间，大班的老师发现，一些女孩子不知道从什么时候开始在沙池旁开发了一个新游戏——过家家。她们三五成群聚在一起，将捡到的叶子碾碎，把沙子当成作料，玩得不亦乐乎。这个游戏既不卫生，又起不到锻炼身体的目的，我们该制止还是支持？针对这个问题，我们组织教师开展了一次"体验式专题研究"，让老师们亲自去玩，想想到底是什么原因让这些孩子有现成娃娃家工具不用，却对"沙子拌叶子"情有独钟。当我们像孩子一样蹲在那里玩的时候，想起了自己小时候那些快乐而有趣的游戏，而且发现，其实这个由孩子们自发的游戏中，既有细致、耐心等优秀学习品质的培养，又有合作、分享等社会性的培养，而且促进了幼儿手部小肌肉的发育，更重要的是，有孩子无限的快乐。这么好的游戏，我们自然没有理由去制止，与孩子们的快乐、发展相比，弄脏衣服、弄脏手都不算什么。由此我们更深刻地体会到，读懂孩子、尊重孩子是多么重要！给孩子们一些尊重，让他们按自己的方式去成长，效果可能会更好！

四、"两个结合"

户外活动的组织和指导过程中，我们还注重做好"两个结合"。

（一）与传统游戏相结合

传统游戏内容丰富、形式多样，具有很强的趣味性和娱乐性。我们将部分传统游戏进行改良、整合，使之更适合孩子们的发展需要。例如，我们将传统游戏"背大背"与儿歌《拔萝卜》相结合，改编成：拔萝卜，拔萝卜，我们一起拔萝卜；起来，蹲下，拔个萝卜背回家。再如游戏"撞拐"，其对幼儿的平衡能力及单脚站立跳跃能力的要求都很高，存在安全隐患，我们就将之改编成"切萝卜"（切呀切呀切萝卜，切好萝卜来做菜），用手拎起一只脚，另一只手做刀状切这只脚，双脚坚持到最后落地的是胜利者。老游戏在户外体育活动中有了新玩法，让孩子们体验到了传统体育游戏的无穷魅力。

（二）与主题活动相结合

为了更好地发挥一日活动的整体教育功能，我们尝试将户外体育游戏依照情节、动作发展要求有效地融合到不同班级不同的主题活动中。主题背景下的体育游戏有两种：一种以游戏促主题，另一种是以主题带游戏。

例如，在进行主题活动"各种各样的桥"时，我们和孩子们利用轮胎、大型积木、梯子、平衡板等器材进行有关桥的建构，尝试从搭建好的桥上通过。当幼儿的练习兴趣减弱时，我们增加小推车等器材再一次激发幼儿参与游戏的兴趣。"桥"的主题也在幼儿的体育活动中不断得到了深入发展。

又如，体育游戏"两人三足"，有一定难度，也比较单调。我们将之放在主题活动"端午节"中，将这个游戏改名为"赛龙舟"。热闹的情景、比赛的氛围，增添了这个游戏的趣味性和竞争性，伴随着"嗨哟嗨哟、加油加油，一二一二"的加油声，孩子们的活动热情陡然增加。

五、点滴收获

（一）收获了孩子的健康发展

每天2小时以上的户外活动覆盖了《3～6岁儿童学习与发展指南》中期待的对于幼儿动作发展的各项要求，为孩子们身体运动能力的发展奠定了坚实的基础，孩子们变得更加大胆、自信、勇敢和自制。

（二）促进了教师的专业成长

老师们在户外活动的研究与实施过程中加深了对以幼儿为本思想的认识，在幼儿的成长中学会了反思、学会了思考，提高了团队凝聚力与整体研究、创新能力。幼儿园教师的教育活动先后在省、市级公开课、优质课比赛中获奖，区市级教学能手、专业人才也纷纷涌现。

（三）充实了园本课程

对户外活动的研究，丰富了幼儿园园本课程的内容。一些在户外游戏中提炼出的适合幼儿身心发展规律又深受幼儿喜爱的游戏被吸收到园本课程中，充实丰富了园本课程内容。

在对户外活动进行专题研究的过程中，我们真真切切地感受到它的魅力，对孩子们、对老师们都是一种"快乐的体验"。我们将继续加深对户外活动的研究，让孩子们在游戏中自由、愉快地展现自己，让他们在快乐的运动中健康成长。

游戏化主题课程的建设及实施

——"美丽的家乡平度——家乡艺术美"区域游戏活动实施

一、游戏活动背景与设计意图

"民间艺术美"是园本课程中班主题活动"美丽的家乡平度"的子主题。《3～6岁儿童学习与发展指南》中指出：艺术是人类感受美、表现美和创造美的重要形式，也是表达自己对周围世界的认识和情绪态度的独特方式。平度历史悠久，文化蕴藏深厚，历经千百年传承积淀下来的民间传统文化，内容丰富，门类齐全。平度现存民间传统文化项目包括民间文学、民间音乐、民间舞蹈、戏剧、曲艺、美术、民间工艺、体育游艺杂技等。这些形式多样的民间传统文化样式，都有其值得研究考证的源头。能帮助幼儿了解更多的家乡的民间艺术形式及其文化内涵，激发幼儿对家乡平度民间艺术的兴趣，培养民族自豪感。

游戏活动中，教师通过创设家乡平度的传统文化艺术——吕剧、剪纸、泥塑、宗家庄年画、大田跑花灯等活动环境，引导幼儿主动询问、探索；通过剪纸、陶泥、扎染、木版年画的表征制作，陶泥馆、七巧坊等社会性区域的交往、交流以及合作表演、阅读讲述、探究表现等多种活动形式，引导幼儿在与同伴、教师、家人和民间艺人的互动中，了解家乡平度的传统文化艺术的种类，不断建构丰富的知识、经验，获得丰富的审美体验，积极参与探索、调查、交流等活动，在说一说、玩一玩、做一做的过程中积累知识经验，在共同制作、表演中体验合作的快乐，并从中获得成功的乐趣。

二、"美丽的家乡平度——民间艺术美"区域游戏实施概况

平度是一个历史文化悠久、文化古迹众多、山川风光秀丽、美食名吃多样、传统艺术经典、教育资源丰富的地方。中班的幼儿对于家乡有粗浅的认识，但缺乏系统性，主题活动"美丽的家乡平度"旨在让幼儿进一步了解自己的家乡，感知和体验平度的风貌、美食特产以及地方特色艺术等。此次展示的子主题"民间艺术美"则侧重于帮助幼儿了解家乡平度的传统文化艺术的种类、特点，如吕剧、剪纸、泥塑、宗家庄年画、大田跑花灯，挖掘更多的家乡的民间艺术形式及其文化内涵，激发幼儿对家乡平度民间艺术的兴趣，从而感受家乡的美丽与魅力，萌发作为平度人的骄傲和自豪。

（一）建设融汇整合的游戏活动目标

在主题课程目标选择与建设的过程中，要充分突出课程的育人功能，凸显幼儿生活经验的整体性活动。而且《幼儿园教育指导纲要（试行）》明确指出："游戏是幼儿园的基本活动，是促进幼儿全面发展的基本形式。"因此，为了建设融汇整合的游戏化课程目标，引导幼儿教师树立科学的儿童观、课程观和游戏观，促进幼儿身心健康发展，我们以平度本土化资源为切入点，将有易于幼儿发展本土化资源纳入园本课程建设，旨在践行以"游戏为基本活动、寓教于乐"的基本精神。

1. 利用平度丰富的物质资源和精神资源创设游戏环境、构建课程内容，在游戏化主题课程中丰富幼儿生活经验，发展幼儿的各种能力。

2. 引导幼儿通过与材料的互动以及交流表征等形式初步了解家乡平度的传统文化艺术（吕剧、剪纸、泥塑、宗家庄年画、大田跑花灯等）的种类、特点；积极参与探索、调查、交流等活动，能大胆地用较连贯的语言表达自己的经验和问题，有进一步探讨的愿望；能积极地与同伴合作，在说一说、玩一玩、做一做的过程中积累知识经验，在共同制作、表演中体验合作的快乐，并从中获得成功的乐趣。

3. 依据课程目标和幼儿特点，优化课程内容、方法和评价，关注幼儿的过程性、游戏化情景学习。

4. 通过游戏化主题课程建设，完善幼儿园园本课程体系。

（二）创设多元互动的游戏活动环境

《幼儿园教育指导纲要（试行）》明确指出："环境是重要的教育资源，应通过环境的创设和利用，有效地促进幼儿的发展。"在园本游戏化课程推进的过程中，我们因地制宜优化园本环境，科学设置班级主题环境及活动区环境，充分利用家长资源、本土资源合理、科学地创设主题课程环境。

班级环境创设"体现多元、突出互动"，围绕主题搜集、投放有关平度民间艺术的实物、图片、资料等，创设信息墙，引导幼儿观察、讲述、交流，并鼓励幼儿直接参与到环境创设中。例如，二班创设《家乡艺术美》交流版块，通过绘画、文字、符号、剪贴等形式发表自己的意见，在与环境充分互动中获得各种有益经验。再如，中一班将主题涉及的三个次主题以卷轴的方式将所有资料分类，创设信息墙，让幼儿通过观察、交流，系统地了解家乡的特点。中四班则利用家长珍藏多年的各种传统工艺品（如皮老虎、剪纸作品、年画、面人）以及幼儿在美工区的作品等创设了一个家乡工艺品展，实现了资源、作品与社会性区域的良好互动和循环。中四班将幼儿的不同类型的版画作品统一展出，让幼儿在感知不同形式作品的同时感受艺术的魅力和家乡的美好。

（三）开展特色本土的游戏活动实施

"美丽的家乡平度——家乡艺术美"是中班主题活动，中班级部四个班级围绕主题，结合班级实际，突出班级特色，分别以剪纸、扎染、陶泥、木版年画等为主线开展了区域游戏活动，做到活动主题统一，班级特色鲜明。

中一班的活动如下。

美工制作区：围绕平度传统民间工艺——剪纸，辅以金粉浮雕、纸绳作画、沙画等多种形式呈现家乡新八景。

拼插搭建区：通过搭建钟楼、现河凉亭、现河水榭进一步了解平度现河的历史与建构特点。

角色扮演区：幼儿通过制作巧饼、家乡名吃名菜，加深对家乡美食的了解，提高幼儿交往与合作意识，感受家乡传统习俗文化和艺术的美。

益智操作区：借助沙盘立体搭建和模型组合以及福禄贝尔玩具的拼摆，表现家乡名胜，激起对家乡著名建筑进一步调查的兴趣。

中二班的活动如下。

美工制作区：以平度民间艺术——扎染为主，通过对扎染作品的欣赏，对织物进行扎（夹、缀）—染色—晾晒，感受扎染的艺术魅力。陶泥馆的幼儿则借由泥塑的方式更加深刻地感受到家乡的民间艺术之美。

拼插建构区：利用大型积木、纸盒、易拉罐等材料，运用对称、交叉式等方式和镂空、掏洞等技能合作完成千佛阁的搭建，重点突出屋檐上翘的建筑特点。

音乐表现区：尝试用皮影戏的方式表演平度民间传说，感受民间传统艺术魅力。

角色扮演区：在"我家小厨""豆腐坊"中引导幼儿分工合作，包饺子、磨豆腐、卡巧饼，体验制作家乡美食的快乐。

中三班的活动如下。

美工制作区：提供麦芽糖、竹签、铁勺、彩色面团、葫芦等相关材料，引导幼儿通过制作糖画、雕刻葫芦、绘画、捏面人等方式进一步感受家乡的艺术气息，从而加深幼儿对家乡文化艺术的了解。

音乐表演区：幼儿欣赏《快乐跑花灯》舞蹈演出视频，学习"四门斗"的舞步，掌握跑"四门斗"的基本动作要领，激发热爱家乡的美好情感。

角色扮演区：创设"平度美食大院"，引导幼儿自由分配角色，做馒头、给馒头上色、蒸馒头、炒菜、包饺子、烧烤等，锻炼幼儿的动手能力，让幼儿体验做美食的快乐。

科学发现区："我是小小发明家"活动中，投放"香皂"的制作材料和工具，引导幼儿根据香皂的制作步骤，和同伴一起尝试制作属于自己的"香皂"。

中四班的活动如下。

美工制作区：投放KT板、拓印颜料、拷贝纸、圆珠笔、铅笔、吹塑纸等材料，引导幼儿学习通过设计画稿—雕刻制版—印刷上色等制作过程感受宗家庄木版年画的艺术美。并通过平面泥工的方式表征大泽山葡萄等家乡的特色水果。

角色扮演区：投放不同颜色的面团等材料，让幼儿制作"开花大馒头"，感受制作的乐趣，激发幼儿热爱家乡的情感。

音乐表现区：让幼儿尝试用皮影戏的方式表演平度民间故事，感受民间传统艺术——皮影戏的魅力。

三、示范引领性的课程实施成效

2017年10月24日，平度市幼儿园特色主题课程展示活动在平度市实验幼儿园举行，平度市教体局学前办万春娟主任、学前教研专项负责人万丽伟、教研员朱美锋以及全市园长、业务负责人和骨干教师100余人观摩了"美丽的家乡平度——民间艺术美"区域游戏展示。

2017年11月2日，山东省家校社共育未来家庭教育现场观摩交流活动在平度市实验幼儿园举行，来自全省各地的领导、专家300余人观摩了"美丽的家乡平度——民间艺术美"区域游戏展示。

本主题活动入选平度市特色课程汇编，被评为青岛市精品课程评选。主题活动"美丽的家乡平度——民间艺术美"以其本土化的环境创设、特色化的区域游戏发挥了示范引领性的作用。

《3~6岁儿童学习与发展指南》背景下游戏活动实验区的研究与推进

为了推进游戏活动的深入研究和实施，进一步明确工作思路，形成自身优势和特色，根据省游戏教育实验区建设工作要求，特研究拟订游戏活动研究与推进方案。具体内容如下。

一、工作思路

立足幼儿园实际，借鉴国内外实施幼儿园课程游戏化的成功经验，以《幼儿园教育指导纲要》《3~6岁儿童学习与发展指南》为指导，探索具有园本特色的游戏研究和实施体系。

二、年度目标

第一年的目标如下。

1. 游戏理念的深入挖掘。此阶段，主要确立幼儿园游戏深入研究的内涵挖掘、发展目标、实施路径和原则等，主要任务为引领教师进一步深入理解游戏研究的意义和理念，完善游戏研究的目标与路径。

2. 科学合理规划游戏环境。针对幼儿园的游戏推进合理规划，改造室内环境和室外环境，挖掘幼儿园每一处空间的教育功能。动态投放安全实用、种类丰富、与幼儿发展相适宜的游戏材料，为幼儿自主游戏提供物质保障。

第二年的目标如下。

1. 提升教师实施课程游戏化的能力。在此阶段，首先，为游戏的深入开展进行进一步的硬件配置和基础改造。其次，做好游戏化活动的规划设计，丰富课程游戏化的途径与方式，通过做中学、研中学的方式，提升教师对于游戏活动的执行力和创造力，整体提高课程游戏化实施水平。引领教师注重观察分析，适时适当介入，并给予有效指导，提升自身对游戏的实施能力。

2. 深化游戏内涵，建立课程游戏化精品资源库，总结工作中的经验和做法。借助"绿色教育"课程，融合家园共育力量，提升游戏实施的质量和水平，将游戏研究和实施内化到校园文化、教师发展和家园共育等方面。统筹整合幼儿园的实物、音像等资源，建立幼儿园教育资源共享平台。开发适宜幼儿发展的游戏化幼儿园课程，共享优秀课程资源，发挥课程资源的最大价值。

三、保障措施

1. 加大财力和物力投入，优化游戏环境，提供丰富的富有挑战性的户外运动器械，扩大室内外游戏空间，全面优化游戏环境。

2. 提高教师自身的专业素养。幼儿园在教研活动和其他培训活动中，加大对游戏内容的培训力度或开展专题培训，指导教师理论联系实际，切实提高教师组织游戏、观察和分析幼儿表现的水平，让教师的游戏指导真正落到实处。

3. 幼儿园优化评价、奖励机制。在教师个体、班级、园所评价方案中，将游戏活动进行一些可量化的考核，将游戏研究和实施部分纳入评价体系，制定相应的评价标准与奖励措施，引领教师关注游戏，关注游戏实施质量，关注幼儿的游戏发展水平，切实推动幼儿园游戏实施的质量和水平。

四、进度安排

1. 依托地域环境，拓展幼儿游戏的最大阈限。

游戏是幼儿园的基本活动，如何拓展幼儿快乐游戏的最大阈限，是我们研究的焦点。针对户外活动区域，科学布局，精心规划，不断调整优化户外游戏区域。将每一处廊亭、小山、草地、树林都赋予教育和游戏意义，完善攀爬区、角色区、艺术区、传统游戏区、搭建区、表演区、体能锻炼区，为幼儿游戏的开展奠定了良好的基础。

同时，我们结合幼儿园的实际情况，本着环境育人的理念，针对幼儿园的课程合理规划、改造室内环境，挖掘幼儿园每一处空间的教育功能。动态投放安全实用、种类丰富、与幼儿发展相适宜的游戏材料，为幼儿自主游戏提供物质保障。

2. 依托"绿色教育"园本课程，游戏研究系统化。

幼儿园实施"绿色教育"园本课程。"绿色教育"就是把自然、和谐、持续、平衡的教育思想，贯穿于教学的全过程，优化育人环境，陶冶孩子的情感和心灵，造就全面、自由、和谐发展的现代社会所需要的一代新人。

在"绿色教育"实施过程中，我们着重进行"绿色教育"游戏课程的深化研究。充分挖掘游戏研究与实施的内涵，形成室内与户外、家庭与社区、动与静、文本与活动有机融合的游戏课程体系。同时，教师转变教育观念，加强对于游戏对幼儿成长重要性的理解，明晰幼儿园课程游戏化的理念，不断提升自身的课程理论水平，科学实施幼儿园保育和教育工作。依据课程目标和幼儿特点，优化课程内容、方法和评价，关注幼儿的过程性、游戏化情景学习。通过游戏化主题课程建设，完善幼儿园园本课程体系。

3. 挖掘本土资源，游戏实施特色化。

平度是一个历史文化悠久、文化古迹众多、山川风光秀丽、美食名吃多样、传统艺术经典、教育资源丰富的地方。

我们将深入挖掘本土资源中的教育能量，通过设计融汇整合的游戏活动，利用平度丰富的物质资源和精神资源创设游戏环境、构建课程内容，在游戏化主题课程中丰富幼儿的生活经验，发展幼儿的各种能力；创设多元互动的游戏活动环境，开展有特色的、本土的游戏活动，引领教师关注幼儿的实际水平、需求和发展，敏锐地捕捉幼儿游戏过程中的真问题、兴趣点，盘活家长和社会资源，耐心引导，给予适当的介入，让问题点成为价值点，以专业智慧和耐心成就游戏中的深度学习。

4. 优化幼儿园一日生活安排，使游戏研究常态化。我们将推进"一日生活皆课程"的教育理念，切实把游戏落实到幼儿园一日活动中的各个环节，关注各活动环节的自然衔接。同时注意提炼总结，建立幼儿园游戏资源库，共享优秀课程资源，发挥游戏研究的最大价值。

五、预期成果

1. 幼儿获得全面发展。在游戏开展过程中，培养幼儿敢于探究和尝试、乐于想象和创造、喜于交往和合作等学习品质，使其具有良好的习惯和科学的生活态度，为他们一生的可持续发展奠定坚实的基础。

2. 教师实施课程游戏化的能力得到提升。深入研究并掌握游戏化活动的规划设计，丰富课程游戏化的途径与方式，整体提高课程游戏化实施水平。注重观察分析，适时、适当介入，并给予有效指导，不断提升教师对游戏的实施能力。

3. 创新幼儿园发展实施路径。以游戏研究为突破口，以教师专业化提升为基础，提升办园品质，赋予幼儿园生命的活力，给予幼儿自然生命质量，形成园本幼教智慧，实现幼儿园的跨越式发展。

4. 进一步完善、优化园本"绿色教育"游戏化课程方案，使之具有操作性、推广性。

聚焦游戏研究　助推特色发展

一年来，我们立足幼儿园实际，以户外游戏的研究与游戏理念的提升为切入点，有效推进游戏活动深入研究和实施，探索具有园本特色的游戏研究和实施体系。

一、前期开展的工作

（一）户外游戏的打造——多元入手，明晰游戏研究实施路径

1.一体规划，采用原生态材料、根据多形式地形打造自然野趣环境。

自然元素的原生态材料：我们的户外场地充分保留了大自然的原生态元素，沙与水结合到一起，孩子们利用管道、水桶、铲子等，挖沟渠、筑城堡、过家家……小竹林、果园、厚厚的草坪上，随处可见荡绳、秋千、木桩，还有高高的合欢树之间的绳索、柿子树旁摘果子的梯子、草丛边的轮胎。孩子们采来树叶、花朵，观察、记录、游戏……形成了"水立方"综合技能练习区、童稚乐园区、涂鸦艺术区，整个户外环境生机盎然。

多种地形增加挑战性：西院原来有一块小土坡，面积不大，坡度较缓，常被孩子们用来作为CS野战的基地。经过观察，我们发现场地缺少变化和挑战。为此，我们进行了一系列改良：首先扩大了坡地的面积，将坡面设置成坡度、长度不同的通道；在坡地中设置直径、长度、坡度、路径不同的孔洞，挖出宽度、深度不同的沟壑，并投放长板、滚筒，孩子们可以架桥、铺路、做"战壕"。后来，使坡地继续向两边延展，西面依地势建起来石头围成的"指挥部"，在东面的树林拉起防护网，给中间的坡地增加高度，用长板、轮胎加固起一个"瞭望台"。如此一来，孩子们的运动挑战、游戏感受都有了不一样的体验。

2."三深"研究，多元化探究让户外游戏活动落地生根。

（1）深研材料。

一物多玩，一物多构，一物多层。在游戏材料的制作过程中，为满足年龄段不同、发展水平不同幼儿的需要，我们提倡教师"一物多玩，一物多构"。同一种玩具，规格可以不同；同一种玩具，设计也可以不同；同一种玩具，制作材料可以不同。

另外，在投放每一种材料时，我们都考虑到材料的层次性（如高低不一的平衡木、开口大小不同的投掷箱、宽窄和长短不同的障碍设置），确保每个孩子都有成功的体验和健康的发展。其目的就是充分理解和尊重孩子的个人差异，对每个孩子的"开花""结果"耐心等待。

（2）深研孩子。

把握适当的活动量。教师在幼儿游戏的过程中，随时随地观察幼儿的活动情况。游戏活动量过大或过小时，通过减少或增加游戏难度、调整游戏玩法、更换游戏材料、更换游戏场地、控制游戏人数等方式方法，使幼儿的活动量在幼儿身体适宜的范围内。

引导幼儿在协商中解决出现的问题。游戏活动的一个重要目标就是发展幼儿的社会交往和团队意识。例如，在游戏"足球赛"中，应有运动员和记分员的角色分工，教师先与幼儿讨论足球比赛场上运动员、记分员和裁判员的工作内容，然后问幼儿："运动员怎么知道自己得多少分？""运动员能够自己记分吗？""我们有什么解决方法呢？"通过这样的问题引导，幼儿共同进行运动员和记分员的分工。

等
一
朵
花
开

一位幼儿教师的研与思

（3）深研教师角色定位。

观察与等待。孩子在游戏中常常会遇到困难，但是，只要他们还有继续探究的愿望，教师就应该控制介入的冲动，将时间留给孩子，让他们自己去解决问题，安静地观察与等待。

豆豆进入游戏场中，选择了一个滚筒推来推去，左左右右、前前后后推了很多遍，后来，他开始尝试着往桶上爬，可是尝试了很多次都不成功。于是，他改变了方式，像骑马那样跨上滚筒，或者先趴在上面，再尝试将腿慢慢跪上来，也没有成功。他又开始滚动滚筒，有时慢点，有时快点，偶尔会停下看一看。过了一会儿，豆豆跑开了，从草地捡了一块石头，放在滚筒一侧，自己慢慢地爬上了上去。此后二十几分钟的时间，豆豆尝试或蹲或趴地慢慢地单方向滚动。之后，豆豆每天都会来玩，每次都有不同的进步，五天以后，豆豆就能够自己慢慢地向前滚动了。

孩子的成长常常以顿悟的方式，给我们惊喜和感动。在游戏过程中，豆豆遇到了困难，对于怎样稳稳地爬上滚桶，怎样在滚桶上站起来、站稳了、走起来，豆豆尝试了很多办法，一直没有放弃探究。在这里，教师首先是一个观察者，学会等待，不急于介入和参与，只要孩子还在尝试，还在想办法解决问题，教师就要管住自己忍不住伸向孩子的手，把时间留给孩子，主动在自己的水平上持续发展。

反思与调适。我们组织了游戏活动轮流巡视活动，每周三10:20，每位教师轮流参与到全园每一条线路、每一个区域的巡视。在巡视中，使用相机、手机、录像机等多媒体器材，观察并记录幼儿的游戏规则和玩法、运动量、交流和合作、情绪及材料投放等。巡视后，教师结合自己的发现进行交流，通过简易设计图、DV分析、游戏再体验、个别幼儿试玩等方式改进、调整活动。

在实施每一次调整前，我们都会组织全园教师在游戏线路上"玩一玩"，亲自体验游戏内容和活动强度的适宜性。观察—反思—分享的过程既提高了教师在实践中发现问题、在反思中解决问题的能力，同时也推动了幼儿园体育活动水平的不断攀升。

（二）家校社共育——让游戏实施全面开花

1. 多渠道参与机制，拓展家长参与游戏活动的途径。

传承和发扬中华传统武术。我们将社区的武术教练请进幼儿园，将武术融入幼儿早操活动中，以此为蓝本编排了有特色的幼儿武术早操《中国功夫》。另外，我们还将巡警大队的跆拳道高手请进幼儿园，让幼儿穿上跆拳道服，在游戏区和教练一起对打练习。

成立爸爸足球义工队和娃娃足球队，邀请家长志愿者足球教练或体育老师，定时走进幼儿园的足球游戏区，培养幼儿对足球的兴趣，让他们体验足球活动的快乐。2020年，平度市实验幼儿园入选教育部足球特色学校。

游戏周、游戏节渗透阳光游戏观。我们将每年5月最后一个周定为游戏周，每年9月最后一个周举行游戏节。组织亲子自主游戏嘉年华、亲子趣味运动会、自主游戏观摩等活动，融合亲子情感，让幼儿体验游戏快乐。家长认同游戏价值，孩子们养成积极向上、阳光乐观的意志品质。

2. 参与式游戏体验，激发家长的参与热情。

我们通过和家长回忆童年游戏、引导家长在游戏中观察和对比幼儿的发展、和孩子一起投入游戏等多种方式，引导家长感受内心的喜悦，关注游戏的过程，理解游戏对孩子内心成长和愉悦的重要作用。在此过程中，将游戏活动延展到家庭中去，在家中开展区域游戏活动，家园共同促进幼儿成长。

（三）游戏理念的延展——线上亦学习，寻找新愿景

特殊时期并没有阻挡我们游戏研究的脚步，幼儿园相继推出"三个一"、雕琢精品系列活动，以此实现游戏理念的拓展与游戏活动设计水平的提升。

1. "三个一"活动，提升教师游戏活动实施理念。

通过每周的观摩一个游戏案例、听一堂专家讲座、读一卷书，针对活动视频、讲座，教师记录游戏学习过程，反思自己的教育行为，分析自己的工作方法，通过线上学习、小组交流、视频研讨，碰撞思想的火花，进而优化自己的游戏材料投放、游戏活动观察与分析等水平，进一步提升自身对游戏的实施理念。

2. 雕琢精品系列，让教师的游戏指导落到实处。

（1）打磨游戏化精品课程。园长亲自带领游戏化课程管理团队，从课程文本、课程资源的开发、整合入手，实施"分层管理""分层研讨"的形式，完善游戏文本，丰富游戏资源，为深入实施游戏提供强有力的支持。

（2）推出精品游戏。第一步，通过品味、学习、领会专家观点和精神，提升对于游戏本质、游戏理念的理解。第二步，结合班级实际，做好下学期游戏活动精致化，打造班级游戏特色。

（3）品味精品游戏课例。每人精心设计、打磨一个主题游戏活动，以级部为单位进行展示、研讨，提高教师的游戏实施能力。

二、存在的困难与问题

1. 教师队伍需进一步夯实根基。大批年轻教师加入，迫切需要帮助他们丰富游戏经验、打牢游戏理论基础，将游戏研究与实施落到实处。

2. 家长资源、社区资源、本土资源割裂与分散。应考虑如何实现三者的衔接与整合，进行有机融合与价值最大化，以便发挥其在游戏活动推进中的切实、根本和最大化作用。

3. 游戏资源的利用与共享存在困难。应考虑如何统筹整合幼儿园的实物、音像等游戏材料，从而实现资源共享。

三、下一步的打算

1. 提升教师实施课程游戏化的能力。通过做中学、研中学的方式，引领教师注重观察分析，适时适当介入，并给予有效指导，提升自身对游戏的实施能力，整体提高课程游戏化实施水平。

2. 挖掘本土资源，使游戏实施特色化。通过设计融汇整合的游戏活动，利用平度丰富的物质资源和精神资源创设游戏环境、构建课程内容，开展有特色的、本土的游戏活动。

3. 深化游戏内涵，优化幼儿园一日生活安排，使游戏研究常态化。我们将继续深入推进"一日生活皆课程"的教育理念，切实把游戏落实到幼儿园一日活动中的各个环节，关注各活动环节的自然衔接，同时注意提炼总结，建立幼儿园游戏资源库，共享优秀课程资源，发挥游戏研究的最大价值。

今后的日子里，我们将继续以幼儿发展为先，根植游戏活动研究，在"绿色游戏课程"的实施过程中，厚植自己的优势与特色，奏响游戏教育新的篇章！

由一座小孤岛引发的造桥计划

一、活动背景

沙水区一直是孩子们喜欢的乐园，在孩子们的眼里，沙子魅力无穷。每当户外游戏时，总有几个孩子跑到我跟前问："老师，我们今天是不是玩沙水区？"当听到肯定的答案时，孩子们一片欢呼雀跃。最初刚接触沙水区时，孩子们只是各自拿着小铲子、小耙子、小水桶等工具，没有目标，只是简单地操作、摆弄，而且各玩各的，几乎没有什么交流，更谈不上合作。随着时间推移，孩子们玩沙经验丰富，慢慢地三人一组，五人一伙，开始有了做蛋糕、挖宝藏、挖河道等小组合作游戏。

二、活动内容与过程实录

（一）造桥计划的产生

近期，孩子们特别热衷于挖河道，并且能分组行动。有的用铲子铲沙，有的用水桶接水，有的利用PVC管和木头架子把水引到河道里。眼看着河道越挖越长，引水工程越来越大时，忽然听到小女孩吉米的求助声音："谁来帮帮我，我过不去了。"原来，孩子们从两头开挖，在中间会合，一座小岛被河道孤立起来（图一）。

图一　被困在小岛上的吉米

　　挖河道的孩子们闻声赶来，议论起来。小渊说："我来救你。"说完，伸开胳膊，想把吉米拉过河道。可吉米害怕地说："不行，我不敢，我觉得沙子要塌了。"这时一直在默默观察的小巩说："要不我们用沙子将河道堵住，你踩着沙子过来？"他的提议得到了孩子们的认可，孩子们开始忙活起来（图二）。

图二　将河道用沙子填埋

眼看着河道即将被沙子埋没，细心的小渊发现了问题，说："不行不行，我们把河道埋上了，水就流不过去了。"孩子们瞬间停下手上的工作，不知道该如何去做了。就在孩子们没有讨论出结果，不知道该怎样解决时，我在旁边自言自语："幼儿园东边也有一条宽宽的河道，我们是怎样过河的？""上面有座桥，对了，我们可以搭一座桥，所有人都能安全走过去，也不害怕湿了鞋子。"子权说的得到大家一致认同。大家又七手八脚地将河道挖开（图三）。

图三　重新挖开河道

教师的思考：在这次活动中，孩子们由挖河道引发出如何过河道。起初，当孩子们想通过将河道堵住，让吉米踩着沙子走过去时，我没有加以干涉，只是默默地在一旁观察。但当孩子们发现河道被沙子埋上，水流不过去时，心情瞬间沮丧，事情出现了两难的地步，我知道孩子们需要我的帮助。

"幼儿园东边也有一条宽宽的河道，我们是怎样过河的？"通过抛出这样一个问题，引导幼儿转变探索方向，让幼儿从生活出发，将生活经验与游戏建立联系，从而引出造桥的计划。

（二）造桥材料的寻找——搭建PVC管桥

"那我们可以用什么材料造桥呢？"我又抛出一个问题。小巩环顾了四周，转身拿了一块PVC管横截面，开口向上放了河道上。小渊着急地说："不行，不行，这样走在上面不稳当，太危险了。"说着，他把PVC管开口朝下放好，自己一只脚刚踩到上面，PVC管另一头竟然翘了起来，把小渊吓了一跳。小巩看到PVC管与河道接触的两边出现了松动

图四　PVC管被踩断

的现象，就在两头盖上一些沙子进行固定。小渊接着尝试，PVC管两边的沙子还是翘起来了。小巩再一次盖上沙子，并用脚踩了踩把它压实，小渊又走上去试了一遍，这下固定住了。当他高兴地继续走到桥中间，就听见啪的一声，PVC管碎成了两半，吓得小渊赶快走回来（图四）。

孩子们大惊失色，又小心翼翼地、用一副求助的表情看着我。我说："PVC管为什么会碎？"孩子们一片茫然。"会不会太薄了？"小渊听了我的话立马拿了两块PVC管，摞在一起放了上去，又用沙子使劲把两头固定结实，自己又尝试了一遍，这一次终于成功了（图五、图六）。

图五　两块PVC管合一起

图六　一座小桥搭建成功

这时子权提议:"再去拿些管子吧,把桥建得再宽一点,小朋友们就不会害怕了。"于是,好多人加入了造桥的行列中。一会儿工夫,桥面宽了,大桥更结实了。当小朋友从桥上走过时,大家开心地鼓起掌来。我说:"一座桥有点少,大家可以再在别的地方继续搭桥。"孩子们信心十足地说:"好!"(图七)

随后,在游戏分享时间,我们进行了以下讨论。

我:"今天,大家在挖河道时,遇到了什么新问题?"

图七 多组PVC管搭建完成

吉米:"我们挖河道时挖着挖着,我就被留在一个小岛上不敢下去了。我害怕有水,还害怕把河道踩塌。"

我:"谁帮助了你?用了什么方法?"

小渊:"我们建了一座桥,这样就可以安全地走来走去。"

我:"你们用什么材料、什么方法来造的桥呢?"

小巩:"我们用PVC管,把它放在河道上面。开始不稳,我们就在两边使劲放沙,用沙子固定。然后发现一根PVC管不结实,我们便用两根摞一起,就不容易碎了。最后多用了几组PVC管,桥面更宽、更结实了。"

我:"除了用PVC管,还可以用什么材料呢?"

方帅:"我觉得还可以用长条木板。"

我:"那我们下次游戏时可以试试哦。"

教师的思考:在造桥过程中,孩子们围绕"如何将桥建牢固"的问题展开了深入的探索。孩子们通过多次尝试,将PVC管两头固定牢固后,本来很兴奋,却因PVC管的断裂吓得战战兢兢。看到孩子们的茫然,我觉得这时我有必要介入了。于是我直接点明了问题所在,引导他们增加材料,最终造桥成功。需要说明的是,在这次介入时,其实自己也有犹豫:对于小班幼儿,这样的介入正确吗？是否可以扩展幼儿这方面的经验？如果这次就失败了，可不可以？我想，在以后的活动中，还有机会去验证这些想法。所以适时介入，相信他们，说不定会有不一样的惊喜。

在分享讨论环节，通过"你问我答"形式，不仅开阔了幼儿的思维，更让他们有了充分表达的机会。在分享经验的同时又引出了进一步的思考，这意味着幼儿又有了新的探索内容。

（三）造桥材料的寻找——搭建平板桥

再一次玩沙水游戏时，方帅主动要求到搭建区借了几块长木板。方帅和搭建区老师沟通后，自己便找起了材料。当他兴致勃勃地将材料带到沙水区，却发现木板有点短，便又返回搭建区继续寻找。第二次把材料带回后，他迫不及待地搭了起来。他将两条长木板直接摆在河道上，观察了一下，发现不平，就用小铲子将旁边的沙子铲去一些，压实。当他准备将第三块长木板铺上时，却发现这块木板的长度和前面两块不同，便重新找木板，用重叠的方法找出一样长的。这时第三块木板也已放好，小巩走了过来，提了一个建议："桥上有缝，应该做得平整一些。"于是大家又化身成了"修路工"，小渊往上加沙，小巩就用"压路机"将桥面压平整。不一会儿，一座平整的大桥竣工（图八、图九）。

图八　木头桥面顺利完成　　　　图九　用"压路机"将桥面压平整

等一朵花开

一位幼儿教师的研与思

　　孩子们开心极了。小巩迫不及待地走上桥，还没来得及欢呼，发现桥两边不断掉沙子。我说："呀，这么高的桥，掉下去是不是很危险？"方帅说："最好有个护栏。"大家开始找材料，只见小巩拿来万能工匠的红绿小棒，孩子们一根一根插了起来（图十）。护栏完成，孩子们很开心，一旁的方帅却发现了问题："这个护栏不整齐，间隔也有大有小，还是不太安全呀。"孩子们又陷入思考，环顾四周寻找材料。细心的方帅找到两块带有两个拱形的长积木，大家一致觉得木头积木比较靠谱，便又拆了小棒，放上了积木，护栏完工（图十一）。平板桥搭建成功。

| 图十　用万能工匠小棒当护栏 | 图十一　用带拱形的长积木当护栏 |

　　教师的思考：虽然之前幼儿在沙水区搭过桥，可是从未考虑"桥两边是否结实，行人是否安全"。所以开始只注意桥面的平整上，他们发现安全隐患，从而催生了护栏的探究内容。整个过程中，所有的问题都是幼儿自己发现的，并自己寻找材料解决的。他们在发现问题、解决问题的过程中获得了宝贵的经验。

　　三、小结与反思

　　（一）充足的游戏时间，使幼儿在探究中表现良好的学习品质

　　只有长时间持续游戏，幼儿才能不断深入探究和创造，教师才能发现幼儿在探究中表现出来的良好的学习品质。在第一次游戏结束的讨论环节中，

幼儿能从发现问题、解决问题方面进行热烈讨论，从而反映出幼儿积极应对困难的学习品质。他们在困难面前不退缩，大胆思考，不断试错，积极反思，不断调整，从而为下次游戏做好铺垫，满足他们不断挑战的自我需求。

（二）适时介入，有效支持幼儿自主游戏

作为教师，要给予幼儿足够的空间与时间去开展他们的探索。但小班幼儿已有生活经验较少，缺乏共商共议意识，因此在不同的情境下，我采用了不同的引导方式。当小女孩吉米被小岛孤立，其他幼儿几次尝试没有成功时，我以玩伴的身份加入其中，用一句自言自语，唤起他们对生活经验的回忆，使游戏得以顺利开展。当他们搭建的PVC管桥断裂而惊慌失措时，我引导他们一起讨论断裂的原因，思考解决方法，从而激发幼儿进一步探索的欲望，使幼儿积极做出各种改进探索，最终取得成功。

（三）生活经验是幼儿游戏的源泉

游戏能真实反映幼儿的实际生活，游戏中能呈现出幼儿对自身生活经验的迁移，他们更喜欢探索生活中的一些奥秘。在搭建木板桥时，因为发现木板间有缝隙，就延伸出修路游戏。他们化身成了"修路工"，用自制"压路机"将大桥修平整。通过在游戏中还原这些场景，幼儿进行设想、实践、验证，从而尝试揭开这些奥秘，实现了游戏促进学习和发展的价值。

游戏案例：《面包店诞生记》

游戏是儿童的天性，是儿童的权利。《童心小世界》建构活动是由幼儿自主搭建"我心中的小学"引发的系列建构活动。在一次活动分享中超超不满足于在室内搭建"我心中的小学"，于是向老师提出将游戏场地由室内迁至室外。通过谈话我们了解到超超是因为联想到小学周围可以有更多的建筑物，由此我们开展了"小学周围有什么"话题大讨论，"你认为小学周围还有什么建筑物呢？""这些建筑物可以为人们提供哪些便利呢？"幼儿展开热烈讨论，由此一系列的搭建活动便产生了，在他们最后的商讨中，他们首先确立了"面包店"搭建活动。

一、场景一 "卖"面包喽！

（一）场景描述

晨晨、洋洋、大冰根据她们的计划用立体积木平铺，然后围合成了一个长方形的空间，在积木上方还堆了一些小的积木，在立体积木的空隙里还放了一些小积木。只听大冰喊了起来："卖面包喽！又香又软的面包，谁来买啊？"她的声音并没有引起其他小朋友的注意。紧接着她又喊了一遍，我的目光投向她后，她冲我笑了笑。

"卖面包，喽！老师，你买面包吗？"

"好啊！哇，你的面包店好挤啊！面包在哪里呢？"

"面包在这上面有一些，在这个缝缝里也有一些。"

"这么矮，我蹲着都看不到，这可怎么挑选啊？"

"你想要什么我帮你拿吧。"

"这次你帮我拿，下次我想自己挑选，面包店都是顾客自己挑选吧，我想其他的顾客也想自己挑吧。还有你的柜台太矮了，拿面包还得趴下才能拿到，有点麻烦。"

我走后，大冰看了看面包店对洋洋说："我们把面包店改一下吧，这样确实太矮了，拿面包很不方便。"于是面包店开始整改啦！

（二）教师反思

教师通过角色扮演参与到幼儿游戏中，以真实的顾客体验表达建议与想法，对于幼儿来说更容易接受，因为它存在于真实的情景里，而幼儿又可以通过情景真实性的刺激，产生新的思考。

二、场景二　面包店改建

（一）立起来不一样

1. 场景描述：听了"顾客"的建议，大冰和小伙伴们决定重建面包店，只见她把原来平躺的积木立了起来，这样高度确实增加了不少，而且"面包"放进去后也比较好取。简单的改造完成后，大冰又吆喝起来了："卖面包喽！"这时洋洋走过来说："我要3个甜甜圈。"她边说边蹲了下来。我走过去说："哇，这次柜台高了许多，拿面包也方便了许多。你们去的面包店，售货员和顾客都要蹲在地上买面包吗？"洋洋说："都是站着的。"我说："嗯，站着可能会更舒服一些。"你们想不想看一些面包店的图片呢？晨晨说："好啊。"于是我们回到教室开始到网上搜集照片。

2. 教师反思：大冰能够根据"顾客"的感受（建议）改建面包店，积极解决问题，改造后的面包店较上一次已经有所变化。学习正在发生，如何把握生长点，让学习走向深入？我想经验的拓展尤为重要，当幼儿原有经验不足以支持游戏进行时，那么认知的不平衡点就出现了，学习的生长点也就出现了。

（二）封闭的门

1. 场景描述：面包店很快建好了，他们把整个空间都围合起来，我在一旁观察着，只见"店主"们从"墙"上跨过来又跨过去，摆在上面的面包时不时在他们跨过去的时候掉在地上，佳乐碰掉后冲我尴尬地笑着："怎么老是往下掉啊？"一会儿果实又从上面跨过去，又碰掉好几块。晨晨从别的地方找来一个架子想往店里搬，怎么搬呢？进不去。

于是新的改造——门，开始了。

2. 教师反思：儿童是问题的制造者，同样也是问题的解决者。当他们建构的作品阻碍了自己的游戏时，他们会在发现问题的同时引发思考，想办法解决问题。教师要做的就是稳住自己，等一等或许会看见奇迹。

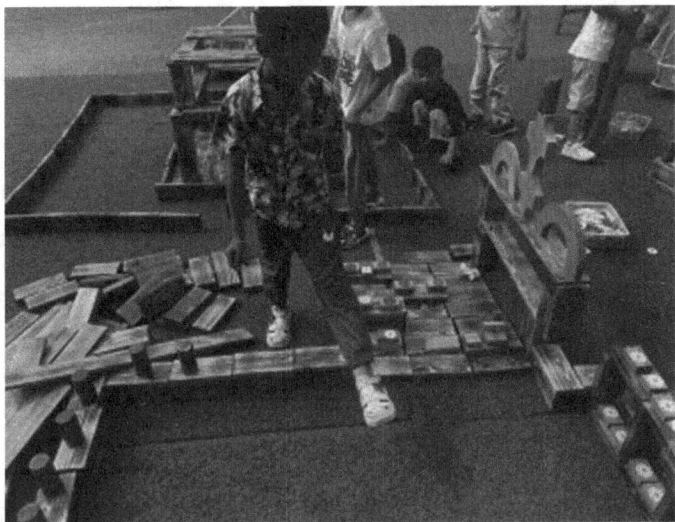

（三）敞亮的门

1.场景描述。

晨晨："我们应该给面包店搭一个大门，这样出来进去太不方便了。"

于是大家又开始了新动作。他们选好位置，开始把一侧的积木慢慢往下拆，一会儿的工夫一个敞亮的门就出现了，他们满意地笑了。

面包店引来了很多人羡慕的目光，之前因为面包店是围封的，很多孩子想进但是进不去，现在大门敞开，他们都跑进去好奇地看看这个，看看那个，一时间，店里人多了起来。

看到这个场景，晨晨突发奇想并说道："你们先出去好吗？面包店还没开业呢？等我们准备好了，开业的时候你们再来吧。"于是新的想法产生了。

2.教师反思：孩子的游戏从来都不是玩玩而已，他们总是在游戏中发现问题，从而形成一种主动的、在理解基础上的学习。一个"门"引发了孩子们的思考：什么样的门合适呢？孩子们以积极主动的姿态，在新经验的获得与迁移、批判与反思中获得相关概念，完成了一次深度学习。

三、场景三 "彩虹面包店"或"蜂蜜面包店"

（一）场景描述

户外区域活动到了，孩子们迫不及待地冲到搭建场地。

晨晨："我们的面包店马上就要开业了。"

栋栋："面包店都有名字，我们也取个名字吧。"

晨晨："嗯，叫'蜂蜜面包店'吧。"

栋栋："我觉得叫'彩虹面包店'吧。"

晨晨："叫'蜂蜜面包店'吧，多好听！"

栋栋："我觉得'彩虹'好听。"

两人你一言，我一句，都觉得自己的名字是最好的，便吵了起来。两位小朋友都不甘示弱。

这时一位小顾客来到门前，说："怎么有两个名字呀？"两个人听了还是都坚持自己的名字。我说："这两个名字都很好听，一看就是你们认真取的，可是面包店总不能叫两个名字吧，你们说怎么解决这个问题呢？"

晨晨："反正我觉得我的名字好听。"

教师："都觉得自己的好，又不能叫两个名字。上次我们制作邀请函（《我的节日》）的时候，为了选出设计图片是怎么做的呢？"

超超："是让小朋友投票，选出来的。"

教师："对啊，这次还用这个办法好吗？"

栋栋："行。"

晨晨："嗯，也行，就让小朋友们来投票。"

两人立马分头去找小朋友，他们找来了诺诺、大冰等几位小朋友来投票，最终投票：四票投给了"彩虹"（栋栋），一票投给了"蜂蜜"（晨晨），晨晨虽然有些不情愿，但是也接受了。

（二）教师反思

幼儿间的矛盾冲突是学习的大好时机，积极引导幼儿找到解决问题的方法尤为重要，不以大人的意志判断为导向，而是通过协商找到双方都满意的方法，让幼儿在游戏的过程中学会遇到问题，解决问题，有利于促进幼儿社会性交往的发展。

四、场景四 开业大吉

（一）场景描述

在几个小伙伴的精心准备下，面包店终于开业啦。他们看起来是那么兴奋与激动。佳乐首先吆喝起来："卖面包喽！刚出炉的面包，快来买啊！"他的声音并没引来顾客，他对店里的伙伴说："你们在店里看店，我出去找客人。"佳乐拿了一块积木当作喇叭走到门外，嘉萱和其他的伙伴则在店内忙活，佳乐在场地上一边走一边吆喝，这时小顾客（大冰）被他吸引，跟着他进到了店里。

佳乐："你想要买什么面包啊？"

大冰一边走一边看说："我要两个正方形面包。"

点点这时也进来了，她站在一旁左看看，右看看，好像不知道要买什么。

佳乐："你要买什么？"

点点依旧没有吭声，她还是很犹豫。点点看了会儿什么也没买。

珂珂进来了，佳乐凑到珂珂前面说："要什么面包啊？"珂珂没有说话只是在看，珂珂转身跟随他的脚步左看看，右看看，脸上充满了好奇，最后珂珂什么也没买走出了面包店。

（二）教师反思

面包店开业啦，可是并没有吸引客人，佳乐迅速想到办法，他到游戏场地主动出击招揽客人，可以看出他在游戏中积极主动，头脑灵活，社交能力极强，不禁让人佩服。

顾客中，除了大冰买了面包外，点点和小轩并没有买面包，她们只是看了看，动作中带有明显的距离感，我想可能有两个原因：一是她们真的不想买，只是面包店对她们很新鲜、很神秘，她们想要了解这里。二是没有进入游戏情境，缺乏购买面包的经验。

在孩子们共同的合作、经营下，面包店已经步入正轨，孩子们成功地完成了"面包店"的建设与经营。在"童心小世界"搭建活动中，孩子们想到了在小学周围还需要搭建早餐店、水果店、游乐场、停车场，等等，在接下来的户外活动中，我们将继续开展系列活动。

五、教师小结

教师追随幼儿的兴趣及搭建要求，为幼儿提供游戏的材料、场地并及时捕捉游戏中的生长点，使得一个个游戏延续并形成一个又一个的链接。

活动从室内延伸到室外——游戏空间更加开阔，材料更加丰富，情景更加真实，内容更加丰富，幼儿更加自主。

主题从单一到多元——由"小学周围还有哪些建筑"这个话题引发了孩子们的关注，由此孩子们开始建构自己的想象，从而面包店等建筑成了孩子们自由生发的课程。幼儿是场景建构的实施者，是搭建场景的体验者，又是搭建场景的改造者，他们在体验中发现问题，提出问题，解决问题，在游戏中学习，成了真正有能力的学习者。

一系列的活动中，孩子们有各领域间的整合与学习，有理解与批判，有新、旧知识的联系与融合，有新经验的迁移与应用，完成了一次深度学习。

他们因为兴趣的引领在游戏中变得更加主动，他们因为思考、富有创造力，让游戏变得更加有温度。

教师追随孩子的脚步，用心观察，以敏锐的洞察力抓住幼儿学习的生长点，推动幼儿的学习与发展，记录一个一个连续发生的故事，用心对话诗意童年，让游戏真正成为孩子的游戏。

潜心，记录研思的印记

成为更好的自己，只为陪伴你左右。

时刻保持对孩子的热爱，每天都在思考，我还可以为孩子

做些什么。

打造名师梯队的"金钥匙"

平度市实验幼儿园是一所山东省示范幼儿园、山东省名师名校长理事单位、青岛市十佳幼儿园,下设江山帝景、代家上观两所分园,在园幼儿1360名,教职工156人。实验幼儿园拥有一支卓越的教师队伍,其中齐鲁名师2名,山东省"互联网+"工作坊主持人3名,青岛名师5名,青岛市十佳园长1名,十佳幼儿教师1名,97名教师获国家、省、市级荣誉和业务称号或获奖,拥有国家级课题2项,青岛市级以上课题9项,出版发行了5本图书。优秀教师团队的背后是强大的支撑。

一、给自信,激发教师内驱力

苏霍姆林斯基曾说:"如果你想让教师的劳动能够给教师带来一些乐趣,使天天上课不致变成一种单调乏味的义务,那你就应引导每一位教师走上从事一些研究的这条幸福的道路上来。"可见,教师幸福的根源在于工作成就,而且在于教学研究带来的成就。

1. 合理目标发展自我。每一个教师的个人发展规划,对教师的专业成长极其重要,目标就是方向,"心有多大,人生舞台就有多大"。为此,我们要求教师制定出具体的个人短期发展目标,在具体内容上,主要围绕以下几个方面进行设计:上好一门课,带好一个班,承担一个教育科研课题。这样的目标并不是高不可及,是让教师通过努力走近目标,从而实现自己的人生价值和职业幸福。

2. 教学成果展现自我。我们建立了教师成果展示室，每年举行一次教师成果展览，主要内容是优秀的教案设计、发表的论文、教学反思、课题研究、优质课、教研成果等。通过成果展示，教师可以感受自己的成长，体验职业的幸福。同时，在展现对比中教师还能够客观地认识自我、反思自我和激励自我。

二、给期待，感受教育幸福

国学大师王国维在《人间词话》中写道："有境界，品自高。"要想让教育焕发生命的活力，一定要让教师感受到教育的幸福。多年来，我们以青岛市名园长李玉梅工作室为依托，通过重建教师职业生活方式来唤醒其教育理想，增强教育的幸福体验。每月一次的"教育论坛""我的教育故事演讲"让教师展示自己的教育风采，构筑自信；"好书美文推介""我的幸福格言"专栏让教师体验阅读分享的乐趣，深刻地感悟到幸福因学习而存在；我们邀请国家二级心理咨询师盛建华，以"教师职业幸福感的缺失和重建——幸福在哪里"为题，对教师进行了心理健康辅导讲座。盛建华和幼儿园教师一起分析了幸福缺失和如何重建，为教师感悟生活、体验职业幸福指明了方向。

教师的职业幸福感最重要的来源是幼儿的发展、家长的肯定和真情回报。我们以教师节为契机开展了"幸福观大家谈"活动，教师们像讲故事一样，述说了家长在看到孩子的进步时、看到嘱托孩子的事情被老师当重要的事情看待或者是为孩子做了一点点事情之后的感动，述说了孩子们的童言趣语为她们带来的欢乐，教师的教育幸福溢满脸颊。我们还邀请专业人士，以"做美好女子"为主题进行了教教师化妆与着装的形象设计讲座、茶艺与花艺学习活动等，使教师感受美的同时提升教育幸福感。

三、给助力，激发教师专业发展活力

1. 丰富学习资料——"引着学"。我们提出了建立"书香校园"，实施"富脑"工程。首先响应教体局"图书下架"的号召，在幼儿园的走廊、门厅处创设一个个多姿多彩、人性化的"读书吧",让图书触手可及。其次,给教师购置了一些好书、音像资料,如《感动中国年度人物》《给幼儿教师的建议》《如何成长为科研型教师》《孩子的一百种语言》,供教师阅读。"引着学"形式,增强了青年教师的文化底蕴,使其明确了人生追求的方向。

2. 搞好理论讲座——"领着学"。"领着学"的主要形式是举办理论讲座。有三种方式:一是"少花钱,受大益"——举办专家录像理论讲座;二是"名人指点"——聘请北京师范大学心理学院的专家、青岛市学前教育专家薛梅老师、辛明老师,青岛市实验幼儿园的业务园长朱泳同志到幼儿园进行现场指导;三是"内部挖潜"——园内科研主任、教导主任、骨干教师等举办理论讲座。另外,骨干教师和学科带头人"外出取经"回来后的"传经送宝"也是"领着学"的一个重要方式。"领着学"形式,开阔了青年教师的视野,使他们接触到了先进的教育理念。

3. 建立评价机制——"促着学"。在教师个体评价方案中,我们对教师的政治、业务学习进行了一些量化的考核,要求教师在每学期自学必须达到规定的学时量,所选择学习内容要根据自身特点,结合教育教学的实际,并有记录和体会。"逼着学"的形式,使青年教师们从"叫苦连天"到"乐在其中",使读书写作水到渠成,习惯成自然。

4. 制定奖励制度——"争着学"。幼儿园积极为教师外出参观学习创造条件,保证教学、研究、活动之需。为充分调动教师学习的积极性,增强内部管理活力,幼儿园制定了奖励办法,对在不同级别刊物发表科研论文的教师和在各级各类赛课活动中获得成绩的青年教师及时奖励并在职称评聘、培训方面予以优先考虑。奖励制度的实施,给教师们前进的动力和发展的信心,青年教师的专业水平逐渐提升,呈现良性发展的态势。

四、给平台,关注教师成长的整体性

1. 为骨干教师创设发展平台。引导骨干发挥自身优势,鼓励他们参加各种优质课、公开课评选，担任"草根"课题主持人、大课题成员，为他们组建"智慧团队"，让他们带领团队开展自主研究，不断优化教育策略，提升教育经验。

2. 建立新教师展示平台。园长的工作虽然很忙，但是园长再忙也要抽出时间关注新教师，通过入园前与每位新教师谈理想、一月后谈体会、一学期谈个人收获、一学年后谈班级工作的方法，达到激其志、察其思、促其行、验其能的目的。

3. 成立教师互助平台。在日常工作中，我们发现部分年轻教师在日常保教工作中与家长的沟通上存在问题，一旦解决不好就会将问题复杂化，带来不好的影响。于是我们通过调查摸底筛选出典型问题，园长、副园长和有经验的教师组成研究小组，共同研究寻找解决方式。由有着丰富教学经验和家长沟通心得的官芝娴主任和教师进行了一次座谈交流，包括孩子磕碰了该怎样跟家长说，怎样跟家长反映孩子的问题，等等，官主任现身说法，以丰富的案例和有效的沟通技巧让教师获益匪浅，让教师在互动中梳理学习好经验。

五、给压力，练就教师教学硬功夫

教师的基本功是课程实施的根本。我们采取"学习共同体"的培养模式，以"互助互学，共同进步"为目的，实施"三个一"工程，具体为：每学期一次基本功比武，通过"讲故事""弹唱""模拟讲课""教案撰写"等方式加强技能技巧水平；每主题一次集智备课，每周一次小集备、每主题一次大集备，教师围坐在一起，就主题实施过程中的目标定位、材料投放、教育活动优化等一一进行梳理研究，对于主备班级或教师在实施过程中的亮点进行观摩展示，补齐短板，发扬优点，切实、有效地将新教材落实到位；每月一次主题沙龙活动，在轻松愉悦的氛围中分享同伴的智慧和经验，激发教师的信心和工作热情。

六、给信任，夯实中层干部队伍

有人说，"一个好园长成就一所好幼儿园"，在我看来，一个好园长还要带出一个好的管理团队，才能成就一所好幼儿园。为了保证三个园的共同发展，干部队伍的管理与培养就成为管理的重中之重，我们不断解放思想，探索了"三放式干部培养模式"。一是"放心"委以重任。园长对干部的信任，会赢得干部的信赖与支持。因此我们经年度考核、民主评议的程序大胆任用优秀干部并委以重任，两所分园有执行园长，总园有具体负责人。另外分设园长办公会、园长工作室两级管理梯队。放心不代表放松要求，我们共同制定了《干部管理手册》，成为干部工作的指南。二是"放权"历练才干。放权并非易事，既需要勇气，也需要智慧。三个园所的负责人享有四大权利，即工作计划规划权、玩具设施采购权、安排人事权、工作评价与考核权。放权不代表不管，授权后"计划交流－定期汇报（常规工作每月汇报、重点项目及时汇报）－总结反思"成为过程管理的流程。三是"放手"鼓励创新。创造型教育更需要创造型的干部，我们建立了创新激励机制，通过召开每周办公会、每月园长工作室会议，分别交流工作的创新点和亮点，做好下阶段工作安排，并将创新工作能力作为干部评价的重要指标。以此鼓励干部放开手脚，创造性地开展工作。

七、给助推，实现教师专业发展递进式成长

我们搭建云梯，通过"放—悟—扶"层层引领，形成实验名师梯队。体现在"三带三帮"。其一是园长带名师，帮助中层变顶层。园长把握幼儿园发展大方向，实行顶层设计，筹划教师培养目标，规划名师发展方向，使他们在原有基础上稳步提升。现在，幼儿园共有2名齐鲁名师、4名青岛名师。其二是名师带骨干，帮助骨干变精干。对于骨干层面的老师，我们主要采用名师分层传帮带的形式，通过外出学习悟化理念，园本培训研习熏陶，向他们压担子，主持"草根课题"，担任重要活动的策划组织，加快他们向名师前进的步伐。

其三是骨干带职初，帮助新手变助手。面对大量新入职的教师，我们从最基础的备课笔记、学习故事等案头工作做起，对教育活动设计、组织、环境创设、家长交流等各项工作进行全方位的扶持和指导，打好梯队底层的基础。

八、给方法，促课程实施能力整体提升

课程的建设和实施需要全体教职工的合力。因此我们本着"全园""全员"的原则，着力整合协同各条线力量，实现课程的合力共创。

为了及时解决教师园本实践中的困惑，或为其传递新的教育理念，我们采用"专题式"整体研训的方式来达成。例如，开展"一日活动流程的优化与研究""户外游戏中材料的投放"专题，我们以三园联动的方式，集合三园区的全体教师，开展大教研组活动。活动中，依托各园区教研组级部教研组课题组或者领域教研组，深入探讨，有目的地跟进。研究做到有专题、有实效。研修做到"四确定"，即定时间、定地点、定内容、定人员。教研实行"四步走"：梳理问题，解惑（深入班级排查、梳理问题）—座谈交流，对话（骨干教师交流班级一日活动中的做法，寻找对策）—培训观摩，研析（官芝娴主任培训并带领班级实施）—总结提升，反思（观摩优秀班级，反思提升，在全园范围内实施），大教研组活动使教师统一思想和认识，目标一致，成为教师实施课程的内驱动力。

九、给阵地，促教师专业能力发展

1. 现场案例教研。主要通过一课多研、专题听课、半日活动跟踪等方式，现场观摩，现场校验。教师根据本班幼儿的实际情况，结合自身特点，采取各自的教学手段和方法实施教学。教师在听课后进行对比、交流、分析、总结。在边观摩、边研讨、边实践的过程中，教师的执教能力不断提升。

2. DV视频再现教研。在园本教研活动中，我们还利用视频技术，把教师组织的活动拍摄下来。利用多媒体便于反复观看、选段观看、定格研讨的优

势，有效克服传统教研凭回忆剖析、教研低效的弊端，使教师聚焦细节，使教学策略、教学理念的探讨更具体、更深入。教师们面对再现的画面，不用教研组人员多讨论，自己就会一下子发现问题。如此聚焦教学片段、探讨教学细节，促进了教师对实践行为的细致反思，使教师对教学艺术的理解更深入，对教学细节的把握更精确。

3. 课题式研究。课题研究的根本目的是解决一些教育教学中具有代表性的问题，既有助于改进教学，又有利于提高教育质量。例如，幼儿园的教师对结构区如何投放材料、如何指导幼儿搭建感到苦恼，我们就申请了区级小课题研究——《幼儿园结构区的策略研究》，不但使教师了解了各年龄段幼儿建构游戏的特点及表现，明白了不同班级结构材料投放的差异和教师观察指导的策略，而且在课题研究的过程中，而且促进教师不断得到锻炼和成长。针对"幼儿园需要搞户外活动，但如何安全地进行户外活动"的困惑，幼儿园开展了幼儿园安全课题《关爱生命，学会自护》，通过片区教研活动的开展，和专家及幼教同行面对面交流、探讨，最终达成幼儿园安全教育的诸多共识。正是这一个个的课题研究，让教师明确了分析、反思的方向，有了学习相关理论的动力；经历了从困惑—模糊—逐渐明晰的过程，使他们的分析、反思能力得到了较大的提高。

十、给最近发展区，激发不同层次教师的效能

幼儿发展有最近发展区，教师的发展也有最近发展区。对于不同的教师，在课程建设中，专业实践的发展途径也不同。

1. 新手教师：始于模仿，终于创新。新手教师在课程建设中主要是学习者、模仿者的身份，每一名新手教师，第一年都是被安排与年级组长搭档，跟在最有经验的老师身边学习怎样实施课程。这样的形式，不但使新手教师的水平得以提升，而且"师傅"对新手教师进行专业引领的同时，自身素质得到更大化的提高。

2. 优秀教师：突出特长，人尽其用。幼儿园发挥每一名教师的优势和特长，人尽其用。将一个个具有相似特长的教师组合成一个团队，发挥各自的优势，共同为课程服务。在课程建构的不同阶段，幼儿园建立了相应的研究小组，课程组织形式随着课程任务的变化发展，参与人员也不断扩大，其变化轨迹如下。

第一阶段："课程核心组"。主要人员：园长、业务园长、教科室主任、各年级主任。其职责是整理课程理论资料，进行课程支撑理论的研究，结合课程实施总结实践经验，形成课程的理念理论与实践框架。

第二阶段："课程建构核心组"。细分为大、中、小课题组，参加人员在第一阶段人员基础上扩大到各班班主任，其职责是有针对性地开发探索适合不同年龄阶段的课程活动。

第三阶段：撤销"课程建构核心组"。结合课程实施的需要，将全园的所有职工按照能力、所在岗位划分到各类"智能团队"。例如创设幼儿园室内外的环境创意团队、以带领幼儿开展园内种植饲养活动的种植团队、以研究户外活动的体育团队等。

十一、给创新，拓展教育新视野

我们鼓励教师跳出幼教看幼教，拓宽教研新思路。要求他们突破固有的教研模式加入新调料。将思维导图、世界咖啡、卡片式头脑风暴等这些新的培训模式有效运用到教研活动中。例如，如何有效地创设主题背景下班级环境与活动区？在新模式的园本教研中，教师聚焦主题、激发互动，进而打开话题，主动交流，群策群力，不断激发出群体的高质量对话，创生出新的课程资源。

今后的工作中，我们将进一步立足于实际，着眼于细节，从问题入手，探索适合幼儿园教师的培养策略，实现教师群体的梯队化成长，实现教师赋予生命力的专业化成长，进一步打造更具有前瞻视野的名师梯队。

"梯级式教研"助推幼小衔接

"教而不研则浅，研而不教则空"，读懂教研，教师就找到了成长的云梯，拾梯而上，向阳而长。幼儿入学准备教育是一个循序渐进的过程，幼儿园与小学两个教育阶段平稳过渡，对促进幼儿可持续发展，提高教育质量具有重要意义。因此，我们以"梯级式教研"助推幼小衔接，充分尊重幼儿身心发展规律和特点，实施科学的保育教育，帮助幼儿做好充分、自然、由此及彼的准备，更好地适应小学生活。

一、瞄准家长，问题引领

"老师，岳岳马上上小学了，学习拼音吃力怎么办？""邻居家的甜甜都背过60多首古诗了，我们家海馨就会背几首简单的。"……这是在小教研中，老师提出的家长的焦虑问题。

（一）聚焦问题，寻找突破三步走

在许多家长心目中"幼儿一旦进入小学，就要开始正儿八经的学知识了，幼儿园不学拼音或数学，进入小学会跟不上。"为精准了解家长朋友们的实际困惑，解决家长最关心的实际问题，教研中我们实行"三步走"，即碰撞—梳理—指导，先提出如何了解不同家长的需求？可以通过哪些形式开展？中心教研组成员与班主任一起碰撞讨论；其次梳理各种途径，了解家长的现状，用家长会、家长学校、"三长"见面会、家长开放日、问卷调查等即时性、可行性的方式，及时根据家长在入学准备和入学适应方面存在的困惑进行总结，构建顺应幼儿发展规律，解决当下家长焦虑之下催生的"幼儿园小学化""过渡衔接"的问题。

最后针对家长关注的重点问题，日常通过多种渠道对家长进行教育理念宣传和教育方法培训。例如，推送有关科学幼小衔接的内容，宣传幼小双向衔接的科学理念和做法，指导家长科学、有效地帮孩子做好入学准备，积极配合幼儿园和小学做好衔接。

（二）前置家访，减缓焦虑三环口

幼小衔接贯穿于幼儿的三年幼儿园生活，因此，帮助家长和幼儿消除入园焦虑也是幼儿做好入学准备的重要途径。

第一环前置家访培训：首先对小班全体教师进行前置家访培训，帮助教师了解新生前置家访的重要性以及前置家访中应注意的问题，如设计家访内容和策略、制定家访路线、交流沟通的技巧，用专业知识为家长答疑解惑。做到家访有心、家访有度、家访有效。

第二环入户逐个家访：入园前对新生一一入户家访，做到不漏访一名幼儿。家访中，通过和孩子面对面互动、与家长面对面沟通，进一步消除了师生之间、家园之间的陌生感，同时增进了师生之间、家园之间的熟悉感和亲切感，达成家园育人共识，为今后工作的开展奠定了良好的基础。

第三环建立家访问题台账：家访结束后，教师就家访过程中家长的困惑或建议进行梳理形成问题台账，并及时进行问题原因分析，制订计划，采取措施，以便有效开展后期的家长工作。

二、任务驱动，研究策略

2021年3月，教育部颁发《关于大力推进幼儿园与小学科学衔接的指导意见》（以下简称《指导意见》），明确提出要改变衔接意识薄弱、小学和幼儿园教育分离的状况，建立幼小协同合作机制，为儿童搭建从幼儿园到小学过渡的阶梯，推动双向衔接。为更好地落实政策，我们积极创新策略、创设载体、搭建平台，引导和保障教师专业化成长，全面提高衔接质量。

（一）理论支撑，学以致用

园本教研是促进幼儿教师自我发展，是教育理论转化为教育实际的桥梁，是提高教师自身素质的有力途径，必须以专业理论为支撑的。基于这一点，首先对教师的理论学习做好计划，采取教师自学与定期集中学习相结合的方式，确保学习的有效性，通过搭、思、导三个途径，实现教师的理论学习。

搭——搭建学习平台。平台学习内容包括有关幼小衔接、小学新课标之类的专业图书，前沿专家解读幼小衔接的视频以及一线教师教育教学经验文汇，让教师在这个平台中有计划、有目的地学习。

思——思考所学知识。教师针对幼儿入学准备指导要点，整理出自己对这些理论知识的思考认识，逐步形成初步的框架。在每次教研时间进行交流与分享，促进教师对这些专业理论知识达成共性的认识，并允许保存一些个性的见解。

导——引导理解知识。设置相应的问题情境，通过情境小故事、案例分析等，促进教师透过现象看本质，从而进一步解释教育理论，深入浅出地让教师理解、吸纳、掌握教育理论知识，为园本教研的深层次展开储备能量。

（二）科研平台，注入动力

积极创设科研载体，构建多元园本教研模式，借助课题，助推幼小衔接。

1.以案例分析为载体开展园本教研活动。

引导教师把教学中具有典型、真实、普遍性的活动案例呈现出来，以"设置签到台"为例，幼儿入园时总是迟到、拖沓，没有时间观念，通过案例引导教师对问题进行深入思考，在案例研讨中发现问题、分析问题、解决问题。

2.以课题研究为主线开展园本教研活动。

针对教研中的"疑难杂症"，鼓励教师借助课题进行有针对性的研究。

帮助教师领会课题精神，组织教师围绕课题研究内容、定期开展研讨活动、分享资源、交流观点，增强教师的课题资源意识，提高教师对研究课题的设计能力。

3. 以推介教研成果为契机开展园本教研活动。

开展互动式研讨、辩论式研讨等模式的全园性集体教研活动，集体备课式、一课多研式等模式的年级组教研活动等，并对优秀教研活动成果予以奖励，以满足不同教师的需求，充分调动教师的主观能动性。

（三）强化实践，提升能力

幼儿园应积极创造机会，引导教师在实践中提升专业成长能力。

1. 开展有效教学活动。

经常开展听课、说课和评课活动，使教师在听课中可以看到别人的优点，学习良好的经验方法；在说课中锻炼自己的表达能力、提高自己的理论水平；在评课中提高自己的教研水平和专业素质，既提教育教学水平，又能把握幼儿的发展规律，优化课程实施的方式方法，注重各环节有效渗透，如同春风化雨润物无声，使幼儿自然地做好衔接。

2. 开展同心共研活动。

以儿童发展需求为出发点，与小学共同针对不同学段的环境材料、课程安排、教学方式、学习兴趣等进行研讨交流，合力寻找最优策略。通过梳理问题，明确衔接重点（互探课堂）、明晰教学差异（研讨交流）、运用衔接策略（个案追踪）"三步走"方式，从双向研讨到联合教研，再到同课异构、课堂助力，进行深入、细致的研究探讨，真正开启幼儿园、小学共同探究"合理衔接，相互支撑"的新局面。

三、立足实际，游戏浸润

在实践中，我们将幼小衔接中需要具备的能力和意识，在日常生活中逐渐渗透给孩子们，帮助他们在贴近自身的生活活动和有趣适宜的游戏活动中，逐渐养成良好的生活习惯、具备自理能力。

（一）析微察异，巧引任务机会

大班下学期，我们有意识地布置一些与入学准备相关的任务，如让幼儿准备明天要带的玩具材料和学习用品、每天自己整理小书包，提升自我服务能力，为适应小学生活做准备。引导幼儿用图示和简单的符号把任务画在"任务菜单"上，如此，教师布置任务—幼儿记住并完成任务—家长检查任务，三点连接，逐步提高幼儿独立完成各项学习任务的能力，助力幼儿任务意识的培养，使其快速适应小学学习生活。

（二）智慧点拨，清晰时间观念

在班级区域中，我们可借助一日生活中的点滴，增强幼儿的实践观念，例如，在班级中设置准时签到台，每个准时来园的幼儿都可以在签到册上画下属于自己的人物形象，养成准时来园的习惯，树立时间观念。

（三）循序渐进，提升责任意识

班里的自然角是自然生长赋予的课程。每天由幼儿负责照料，但总有小朋友喜欢"凑热闹"，难免会出现给植物浇水过多而涝。针对这种现象，教师充分利用了班级的"小小广播站"，通过播放植物伤心的图片，激励幼儿培养责任心，认真负责。

幼儿的学习和发展是持续的，我们需要循序渐进、静待花开，使他们对生活始终保持热情。我们有理由相信，以人为本的教育永远充满希望，永远值得期待。

花开有时 衔接有度

——关于幼小衔接的活动案例

幼小衔接是一个长期而缓慢的过程，贯穿整个幼儿教育阶段，从幼儿的小班时期逐步推进幼小衔接的理念与措施，开发实施幼小衔接主题课程，让幼小衔接落在实处，循序渐进，凝聚幼儿园、小学、家庭的力量，才能最终实现从幼儿园到小学的顺利过渡。

一、衔接有序，家校社合力，明晰科学衔接理念

幼小衔接不是某一时段的工作，而是从幼儿入园的那一刻开始，整体设计，有机地、自然地融入幼儿成长过程之中。因此，要征得家长的信任与配合，树立幼小衔接意识，提高科学衔接理念。

（一）知其虑，解其忧，做家长们的心理军师

幼儿园向家长发放了《"我要上学了"您准备好了吗？》调查问卷，全面了解家长对幼小衔接的认识和需求，逐一阅读，了解并梳理出家长们关心和困惑的问题，并针对家长的需求，分别邀请具有多年教育经验的小学班主任老师、幼儿园毕业生家长、心理专家等，为大班家长做幼小衔接的专题讲座。开展家园共育幼小衔接研讨会，经验交流等，为家长们答疑解惑，以科学的角度与方法帮助家长调整心态，使家长从容地面对幼儿入学前的各项准备，对孩子的幼小衔接问题不再焦虑和迷茫，也明确了家长在陪同孩子从幼儿期到儿童期转型的责任和方式。

（二）行为跟进，理念先行，引领家长做幼儿入学准备的护航者

幼儿园组织召开以"《3～6岁儿童学习与发展指南》背景下幼儿规则意识与良好学习品质的培养"为主题的大班级部班级家长会，针对幼儿的年龄特点，教师结合《3～6岁儿童学习与发展指南》，从幼儿的心理准备、习惯准备、能力准备方面为家长解读了幼儿园的具体做法，在家庭中应该怎样做，让家长看到了幼儿园教师在幼儿上小学前的科学准备和专业，也明确了在幼儿入学衔接问题上不仅要观念到位，还要行为跟进。

二、衔接有据，教师集智，探寻幼小衔接课程实施路径

幼儿入学的困难点就是幼小衔接研究的关键点。为此，我们加大对幼小衔接的专题培训力度，组织教师通过课题研究、专题教研、集体备课等形式，把小学准备教育目标和内容要求融入幼儿园一日生活，关注幼儿的兴趣、交往、自我服务和学习品质，调整幼小衔接活动组织策略。

（一）集备引领，智慧共享

教师针对主题内容先进行协商、研讨，明确主题核心价值，展开线索与活动内容后，根据自己的特长与优势，选择、领取自己的重点研究项，是教师个人选领优势学科实施，二是以班级为单位选领优势活动区域进行研究，三是以级部内教师自由组合形成一个研究小组，集中研究主题实施过程中的某项内容。教师分头探索，智慧共享，为课程的高效实施奠定了基础。同时，教师在主题实施过程中逐渐找到自己的优势领域，进而进行更为深层次的研究，为课程的顺利实施提供了保障。

利用小集备教研活动，领选负责人向大家介绍自己实施思路或指导策略，整合大家的智慧和优势，确定最优主题实施方案。对于实施过程中特别突出的教育活动或区域活动，级部主任会统一调控，进行小范围的观摩展示。例如，在此次主题活动"再见了老师"中，大一班吕老师领选了区域活

动，在活动开展中角色扮演区情景剧《上课》《毕业时装秀》；益智游戏区"挑战一分钟"和"上学路上"改变了以往的桌面操作，改到地面实操，幼儿更有兴趣；自然角"送给老师的礼物"——清水混凝土花盆的制作，新颖的材料更是吸引了孩子们的创作欲望，水泥、碎布，一盆清水……经由幼儿的小手，变成了一件件别具特色的艺术品。教师在组织本区域活动中充分考虑不同层次幼儿发展的差异，为他们的设计制作投放难度不同的材料，打破传统、体现创新的做法引发了其他教师的研究兴趣，为此，大班级部及时组织了级部内的观摩活动，引发各班级对于此主题活动的深层次探讨。

（二）习惯浸润，强化学习品质

根据《3～6岁儿童学习与发展指南》中幼儿能力发展目标，教师结合幼儿已有的经验，将一日活动中观察到的幼儿发展情况及发现的问题，及时反馈、交流讨论，分阶段进行训练巩固并以趣味促进习惯养成。例如，在集体教育活动中，插入规定时长的音乐，提高完成小任务的速度。家庭教育环节的"小小计时器"让幼儿在乐趣中建立时间观念，养成做事不拖拉的良好习惯。

在培养幼儿的学习自觉性、良好的学习习惯时，教师不仅改变了桌椅的摆放形式、增加课程时间，还关注到了幼儿注意力的持久性、学习的主动性、积极性、自制力等，并从幼儿的一日生活环节中着手。

（三）绘本滋养，拓展阅读情趣化

养成阅读习惯是在幼小衔接阶段送给孩子最重要的礼物。帮助、指导家长重视阅读习惯的培养、阅读方法的掌握亦是义不容辞。我们利用家长会、家访、晨接离园等环节指导家长掌握"观察五步法"，养成用"手指指读法"（手、口、眼一致）指读故事内容，培养孩子的专注力和良好的读书习惯，也避免孩子入小学后在读题意的时候偷字漏字，造成理解的题意相反而做错题；"阅读拓展情趣化"，让游戏伴随幼儿有兴趣地主动阅读，学习新词，寻找读书的乐趣。

三、衔接有法，双向融合，架接纵深推进双通道

（一）环境感染，激发幼儿入学憧憬

教师积极整合身边的多种资源，增加幼儿对小学的熟悉度。表征我心目中的小学，创设小学体验区，自制离园倒计时牌，参观小学，及时在活动区开展"我的课程表""我会整理书包"等活动。在活动开展过程中鼓励幼儿自主选择材料、选择玩伴、按照自己的意愿游戏，提高与同伴交往、解决问题等方面的能力，积极主动地在实践、操作和交流中扩展经验、得到发展。

教师带领幼儿走进校园，走进课堂，走进各种馆室，组织幼儿带着问题和自己的想法去小学参观。通过看一看、找一找、认一认、做一做、比一比、学一学、问一问等方式，引导幼儿充分感知和体验，熟悉小学环境，了解小学生的学习和活动，激发入学的愿望。

（二）心理疏导，以积极健康的心态迎接小学生活

鼓励幼儿和爸爸、妈妈、老师、小伙伴聊一聊自己入学的愿望和所担心的问题。引导幼儿梳理化解担忧的方法和策略；邀请从幼儿园毕业的一年级小学生参与，让幼儿提出自己想知道的问题，从哥哥、姐姐的答案中掌握应对策略。教育活动之后，环境创设中布置"问题墙"，活动区活动中开展"小小辩论会"，鼓励幼儿找出解决担心的问题的办法。

（三）联合教研，双向衔接减缓坡度

幼儿园和小学积极对接，通过梳理问题、明确衔接重点—互探课堂，明晰教学差异—研讨交流，优化衔接策略"三步走"的方式，首先双向研讨，共同梳理发现幼小衔接中的问题，借助量化图表对幼儿从大班到小学进行跟踪式观察；同时借助课堂阵地，互探互学，认真观察幼儿、学生的课堂表现，记录其学习品质、倾听习惯、课堂互动、书写能力等的发展现状；在此基础上，共同针对不同学段的环境材料、课程安排、教学方式、交往自理等方面进行深入研讨交流，合力寻求最优策略，助力幼儿顺利完成向小学生角色的转变。

行远必自迩，踔厉随奋发。只有凝聚起家、校、园、社的合力，做实、做细幼小衔接工作，才能让幼小之间的过渡像呼吸一样自然。

浅议小班美术中的情境教学

目前，中国教育提出了"以人为本""一切为了孩子"等口号，但现实中存在很多过分偏重认知，忽略情感与创造性培养的教育。根据小班幼儿的身心特点，我们在绘画教学中以情境的运用为突破口，让幼儿在不知不觉中达到认识活动和情感活动的融合，使他们的情感和兴趣始终处于最佳的状态，从而保证绘画教学活动的高效性。

小班幼儿的观察带有很大的随意性，个性、心理、生理的发展都不尽相同，幼儿之间有很大的差异。在绘画活动时经常会出现幼儿注意力不集中、对活动不感兴趣、自己不会动手画等一系列的问题。

在实施教学时要注意以下几个问题。

一、创设的情境应具有新颖性

创设的情境一定要新颖、多变，其目的是引发幼儿的新奇感。各种现代教学技术设备为教师提供了极大的创造空间，利用它们会让情境教学具有鲜明的形象性、生动的情节性、优美的艺术性等特点。

例如，一段录像能将幼儿带入奇妙的植物世界，偶尔开展的比赛和评奖活动能让幼儿群情激昂，一个小小的游戏能唤起幼儿无限的遐想。不过，能引发幼儿新奇感的情境未必一定要用录像、投影、电脑等现代化的教学设备，关键在于教师对绘画活动内容和小班幼儿发展的实际水平的把握。

二、创设的内容要实用

情境法的目的是让普通的美术环境变得有趣、有意义，也就是所创设的情境应与活动目标一致。

例如，让小班幼儿在封闭的图形内涂色，本来并无附加的意义，如果说这是三八节送给妈妈的礼物，那这一活动就变得充满了浓浓的情意，幼儿也会积极地、投入地去表现。值得注意的是，情境的设计要和美术活动的内容相吻合，设计要合情合理，避免牵强附会的情境设计。

三、创设的方法应具有启发性

教师在创设情境的时候要明确我们的目的是通过情境创设来增加幼儿的体验，丰富他们的感受，激发起他们的想象，提高他们活动的兴趣。因此，教师不能为了表面的热闹而设置情境，应多层次、多角度地理解和挖掘某一情境中蕴含的价值，使之能更好地为幼儿认知、技能、情感、创造等多层的活动目标服务。

四、创设丰富有趣的游戏情境，激励幼儿绘画

游戏时学龄前儿童发展的主要源泉。我国幼儿教育家陈鹤琴曾说："游戏从心理方面来说是幼儿的第二生命……游戏从教育方面来说是幼儿的优良老师。"

《幼儿园教育指导纲要》也指出："游戏是实现幼儿全面发展教育最有力的手段，也是幼儿各领域教育的重要途径。"我们将游戏与小班幼儿绘画活动进行优化组合，借助游戏情境推进活动，鼓励幼儿大胆地用自己的方式创造图示，达到寓教于乐的目的。

小班幼儿绘画活动"洗澡"共有四个环节，从第一个环节开始教师就以游戏"躲猫猫"的方式展开，让幼儿在与游戏场景的互动中，对自己已经认识的动物的明显特征进行复习巩固。接着开展了角色扮演的游戏，幼儿通过表演小动物们洗澡的过程（淋湿身体—抹肥皂搓泡泡—用清水冲洗干净）回

忆自己的洗澡经验。第三个环节则是借助教师提供的绘画材料大胆表现小动物洗澡的情境。结束环节我们借助播放乐曲《我爱洗澡》，让幼儿伴随音乐模拟洗澡，感受洗澡的快乐。整个活动游戏贯穿式汇总，幼儿在丰富有趣的游戏情境中，自然习得绘画技能。

五、利用情境，让幼儿分享绘画成果

绘画是儿童表现自我、抒发情绪和情感的一个重要途径，也是外化幼儿情感的直接和有效的方式之一。在美术活动中，幼儿除了体会画的痕迹给他们带来的新鲜、兴奋以外，还会发现，原来他们可以这样把心门打开。

因此，有人曾说："孩子的绘画作品中，即使是一根非常简单的线条，也表达了他们的情绪和情感。"然而小班幼儿的绘画水平有限，他们往往只用一些简单的符号和图形组合象征性地表达自己的想法，成人常常难以读懂他们作品所要表达的内涵。所以小班幼儿绘画活动结束环节老师应采取"退位"的方式，将作品交由幼儿自己来完成。利用情境让幼儿大胆地表达自己的作品内容，分享绘画成果。

例如，小班下学期绘画活动"快乐的郊游"，伴随着歌曲《郊游》欢快的音乐，教师给每位幼儿分发人客车教具，请幼儿在旅游车上自由添画上自己的好朋友，带上他一起去郊游。活动结束环节，教师请幼儿轮流上台展示自己的作品，介绍自己添画的朋友是谁，并说说自己画中表现出了朋友的哪些特征。通过在情境中分享，让幼儿体验到和朋友一起活动的快乐。

小班幼儿的注意力容易分散和转移，创设让幼儿身临其境的情境，会让他们倍感亲切，能够起到潜移默化的作用——激发幼儿的好奇心，调动幼儿主动学习的愿望。我们始终相信，给幼儿一个自主的空间，给幼儿一片自主的天地，他们就会用画笔还你一个美丽神奇的故事，这便是绘画教育的出发点和归宿。

《3～6岁儿童学习与发展指南》背景下幼儿园美术教学的几点尝试

《3～6岁儿童学习与发展指南》指出：每个幼儿心里都有一颗美的种子。幼儿进行美术创作不仅是表现他们的所知，更把自己的思想情感也融入其中。美术活动应成为幼儿表达所知、所想、所感的天地。那么，教师在美术教学中应如何激发幼儿感受美、表现美的情趣，采取什么方式丰富幼儿的审美经验，使之能体验自由表达和创造的快乐，这也应该是我们研究的重要内容。

一、创设游戏情境，感知特征

设境激趣，快乐体验。创设富有情趣的游戏情境，以"境"引路，以"趣"导航，吸引幼儿的注意力，诱发幼儿学习兴趣，使幼儿身临其境，体验到自己就是其中的一个角色，以快乐的心情融入活动，从而调动求知的主动性，真正使教育情境对主体发生作用。

（一）游戏激趣式

以游戏的方式导入活动或贯穿美术活动始终，不但能集中幼儿的注意力，而且能激发幼儿的学习兴趣，使幼儿的思维活跃起来。例如，小班水彩笔画"大狮子烫发"的开始部分，创设美发师小猴接到大狮子电话邀请的情境：大家好！我是小猴理发师，我的本领可大了……叮铃铃，电话响了："美

等
一
朵
花
开

一位幼儿教师的研与思

猴王，我是大狮子，我要去参加选美大赛，请你到我家来帮我烫发吧！"你们愿意和美猴王一起去给大狮子烫发吗？此情景一下子就吸引了每一个幼儿，并引起幼儿对大狮子的关注，纷纷表示要和小猴美发师一起帮助大狮子烫发。利用幼儿强烈的好奇心来设计生动有趣的游戏情景，把幼儿的注意力一下子吸引过来，为接下来的活动打下了良好的情绪基础。接下来的活动中，通过折线爬山、滑索直线、过河波浪线等，让情境贯穿始终。

（二）故事导入式

创设故事情境，从故事中引入所要传授的内容，让幼儿通过故事丰富审美经验和情趣，提高美术创作能力。例如，小班指印画活动"小手的秘密"，创设"毛毛虫去散步"的故事情境：春天来了，睡了一个冬天的毛毛虫出来散步了。他走啊走啊，遇到一只小刺猬，他说："咱们一起去散步吧！"他们手拉手一起往前走。一只小蜗牛爬过来说："我能和你们起去散步吗？""好啊，好啊！"三个好朋友继续往前走。小鸟飞来了，蝴蝶飞来了，小鸡和长颈鹿也跑来了。这么多的好朋友一起散步，可真开心呀！新颖、别致的故事情境，营造出一种温馨、充满童趣的意境，让幼儿在倾听故事、观看课件的过程中初步感知指印画的特点，在不知不觉中受到美的感染。

（三）音乐感受式

选择节奏和旋律起伏变化的音乐，让幼儿在音乐欣赏的情境中，用美术的方式表现自己的内心体验和感受，从而提高幼儿探索美、鉴赏美、创造美的能力。例如：中班绳子印画活动"小动物的脚印"，活动开始，播放歌曲《走路》，教师边唱边用草绳蘸颜料，随着音乐节奏和旋律的起伏，用抽象画中的点、线等表现小动物走路时留下的脚印，接着分别提出问题：走路轻、重、快、慢的小动物，脚印是什么样的？可以用什么颜色？借助富有节奏的音乐作背景，拉开活动的序幕，激发了幼儿作画的兴趣。

情境是一种手段，我们更重要的是要让幼儿充分感知、观察，全方面地了解所要表现的事物的特征。观察、感受体验是表达的基础。幼儿表达的就是自己的所见所知所想，所以美术创作也要让幼儿在日常生活中，在与自然的互动中细致观察，敏锐感知，继而运用美术的形式大胆地表达出自己的认知和感受。例如，在上述小班绘画苹果的活动中，先让幼儿观察苹果、玩苹果、吃苹果，在此基础上再自由表达自己看到的苹果，或者是对苹果的感受和感觉。这是一种在认知前提下的个性化的表现，有的幼儿表达的是苹果的外形，有的幼儿表达的是自己对苹果的一种感受，教师只需发现，无须干涉。

1. 感知表现事物的特点，如浅一点层次的颜色、形状、花纹、图案、形态、规律排序，再深一点层次的材质、工具、功能、表现手法，更深一点层次的事物或作品的寓意、要表达的思想。

2. 感知作品，感知形式、方法、材料等。这种感知就是刺激幼儿的学习内核，为接下来的表现美储备经验。这个环节不可或缺，没有感知就没有表现。

这种情境的创设和感知应该联系幼儿的生活，这样他们的感受和体验更深入，更直观形象。

二、诱发学习兴趣，探究方法

（一）允许试误

幼儿在具备了一定的经验之后，是可以通过这些经验的积累慢慢摸索到新的方法的。举例：大班美术剪纸雪花。通过幼儿自主探究，沿着练习—修正—练习—提升这样一个路径，最终获得正确的折剪方法。

（二）问题引思

在学习活动中，将幼儿置于问题情境中，引导幼儿带着问题去发现、去探讨、去创造，促使幼儿不断思索，不断尝试解决新的问题，使幼儿真正主动地获取新的经验。例如，小班皮球拓印活动"可爱的小乌龟"，引导幼儿讨论皮球拓印的方法时，提出问题：怎样印皮球脚印呢？用什么办法？怎样印脚印会大？引导幼儿在操作演示中进行讨论交流，寻找成功或失败的原因，从而初步了解拓印的方法。"疑虑，思之始，学之始。"思维的启动，无不被问题所诱发，没有问题就没有紧张的思维活动。

（三）言语提升

运用趣味性的语言引领幼儿持续活动。有的时候幼儿在习得方法的时候是需要教师的规范和提升的，特别是小班的时候，幼儿自己的探究比较粗糙，那么教师在幼儿探究之后的总结和提升就尤为重要。例如，在小班撕贴画活动"苹果丰收了"中，教师引导幼儿用大拇指和食指变出小鸡嘴巴时说："公鸡喔喔啼，大拇哥起床了，二拇弟起床了，大拇哥和二拇弟碰碰头，看！变成了什么？（小鸡嘴巴）"在练习撕纸时，教师引导幼儿边说儿歌（"两只小鸡头碰头，你一口，我一口，啊呜啊呜咬下来"）边做。生动有趣的儿歌帮助幼儿理解撕纸的要领，并在愉快的游戏中完成撕纸活动。

三、层次性引导创想，操作提升

幼儿在有趣的情境中快乐创造、尽情展示。在这个环节中既有幼儿创造的过程，又有幼儿成功体验的过程。当他们在创作过程中遇到困难，陷入瓶颈无法突破时，教师要及时助推，凭借创设的活动情境，巧用"顺、诱、投"的方法，激发幼儿的创作热情，不仅让幼儿"柳暗花明又一村"，还能帮助他们解决遇到的问题。

（一）以"顺"激创

"顺应"幼儿活动，让幼儿按自己的意愿进行探究与创作，将"新知"内化到已有的经验中。例如，在活动中，一名幼儿把原来画好的蚂蚁涂掉了一半，教师问他为什么涂掉，他毫不含糊地回答："蚂蚁爬到洞里去睡觉了。"于是教师顺势引导，问："怎样能让我们知道蚂蚁在洞里呢？"他思考片刻说："给它开个窗吧！"说完在剩下的半只蚂蚁旁画了个框。

（二）以"诱"激创

用妙法进行"诱导"，让幼儿持续不断地探究，使幼儿从体验、操作的活动情境中感受到觉知的喜悦、发现的快乐。例如，在皮球拓印活动"可爱的小乌龟"中，在设计皮球印脚印的活动情境时，诱导探究：皮球宝宝说在它脚印的后面藏着一只小动物，猜一猜会是谁？我们把它请出来好吗？在幼儿大胆猜测的基础上，教师用游戏性的语言将小乌龟从脚印里请出来，使得幼儿在情景化的语言中不仅受到美的熏陶，还不知不觉地掌握了添画的方法。

（三）以"拨"激创

在适当的时机进行点拨，把幼儿的学习兴趣推向深入，唤起创作的激情。例如，中班泥工活动"萝卜的一家"，制作过程中，教师发现有的幼儿已经做完一个萝卜，正在无所事事关注别人，这时教师的启发点拨就体现出了活动中的教育机智："你做的是谁，他长得什么样，你能再做一个不一样的萝卜吗？"在教师的引导下幼儿就会兴致勃勃地继续制作不同的萝卜，既保持了幼儿参与活动的坚持性，又给予了幼儿更进一步的探索目标。

教师在巡回的时候不要漫无目的地转，要围绕目标、卫生、安全等方面进行提醒和引导。

四、融汇情感体验，欣赏评析

借境评价，升华体验。这一步其实也细分为两个内容，一是作品的展示，二是作品的赏析。为幼儿创设展示作品的条件，让幼儿在特定的情境中彼此分享同类的作品，有效鼓励幼儿大胆表达自己的想法，相互交流、欣赏，共同提高。情境教学具有延续性，是一个"激趣"与"维趣"的过程。在评价过程中做到"维趣"，激发幼儿的审美情趣，让幼儿在分享与评价中感受美的艺术，领悟美的情感。

（一）展——分享美的艺术

展示幼儿创作的作品是进行评价过程的前提。为此，根据美术作品的特点及活动情境的创设，有机融合，合理布置，凸显其趣味性，以达到耳目一新的效果。例如，在泥工活动"小刺猬背果子"中，围绕创设小刺猬去果园背果子的情境，利用绿色KT板制作果园背景图，考虑如何把泥工作品与背景相融合时，巧用雪花片，将其平插在KT板上做小刺猬的站台，这样每只小刺猬都有了自己的"立足之地"，与果园背景情景交融，相得益彰，带给欣赏者美的艺术享受。又如小班美术活动"花裙子"，"参加小动物森林舞会"的游戏情境贯穿始终，在最后的展示环节，就设计了一个森林舞会的场景，各种小动物在舞台背景下翩翩起舞，幼儿把自己创作的花裙子给它们穿上，既体验到了创作的乐趣，更感受到了游戏情境所带来的喜悦。

（二）评——融汇美的情感

"评"指用语言来表达对自己和他人作品的理解，融美于情境之中，从中领悟美的情感。评价分享的过程中，教师要以赞赏、鼓励为主，多发现幼儿的闪光点，要不失时机地抓住幼儿的兴趣和情感体验提出问题，"穿针引线"地引导幼儿之间进行交流互动，并适时地进行"画龙点睛"的归纳提升，使他们产生真正的共鸣。

1. 支持幼儿的表达。幼儿的活动和作品中，有着我们成人永远想象不到的"洞天"：每一段看似无意划过的线条，还有那些像是笔尖随意跌落的乱点，还有由这些散乱的线、点隔出的一块块空白，其实，都隐藏着光怪陆离、让我们目瞪口呆的故事。我们一直在用"美术作品"的艺术标准（构图、用色、造型和细节是否具体、丰富等标准）来评价和衡量幼儿的作品。而在幼儿的眼中，他们完成的美术作品无所谓好坏，对于他们来说，作品也只不过是万千种表达方式中的一种而已，他们用自己的美术创作表达自己看到的、想到的，甚至是感觉到的一切。幼儿其实一直在用自己"独特"的作品，向我们诠释《3～6岁儿童学习与发展指南》（以下简称《指南》）中提到的"艺术是人类感受美、表现美和创造美的重要形式，也是表达自己对周围世界的认识和情绪态度的独特方式"这句话的要义。他们在说："这不是什么美术作品，这只是我的表达！请允许我用我自己的方式来表达！"

所以，在《指南》的指引下，我们要和幼儿一样，把幼儿的美术作品看作他们的自我表达，不能千篇一律只要幼儿"画好做好"，而是在幼儿创作的过程中少一些干预，多一些观察，在幼儿创作后赏识每位幼儿的作品，这是对幼儿的表达和表现最好的支持。

2. 静赏幼儿的作品，从幼儿表达的角度去解读幼儿的美术作品。首先给机会让幼儿评价自己的作品。以此激发幼儿个性化的表达。在教师评价、幼儿互评的同时，加入幼儿自评的环节，让幼儿不只是"做出作品"，更要让幼儿"讲出作品"，才是对美术作品的真正解读。只有经过幼儿自己的描述，也就是让幼儿做自我的作品评价，我们才能明白我们眼中的顽石，其实是孩子的珠玉。

二是从幼儿表达的角度去解读幼儿的美术作品。教师不只是从艺术审美的角度，而是从理解幼儿表达的角度去深入解读幼儿的美术作品，更多地思考：他为什么要这样画（做）？这幅作品代表什么意思呢？如果自己的思考仍然无法解读，那就真诚地和幼儿沟通，认真地听取作者自己的想法。无论是让幼儿自己表述自己的作品，还是教师从幼儿表达的角度解读作品，要义都是面对幼儿的美术作品，成人不仅要用脑，还要用心去解读，特别是面对"独特"作品时，更要蹲下来，沉下心去做深入的了解和分析，耐心倾听幼儿的讲述，对不同作品做不同的评价，这样才能更好地"引导幼儿学会用心灵去感受和发现美，用自己的方式去表现和创造美"（《指南》）。

3. 静听作品中的声音。虽然不是每位幼儿都能成长为美术名家、大师，但每个人都有欣赏美、感受美和表现美的欲望和权利。所以，幼儿时期的美术教育，目标不是要培养美术大师，而是引导幼儿用美术的形式自由表达自己的真实体验，让每位幼儿生发出对美术这种表达形式的兴趣，以及用美术这种形式大胆自由地表达自己的能力，使每个幼儿心中这颗美的种子都能生根、发芽、开出美丽的花、结出丰硕的果，不让一名幼儿掉队。

让幼儿充分观察体验，主动地习得方法，自由地表达，教师做出个性化的评价，从情感上关注，如此才能真正促进幼儿在艺术活动得到美的熏染，提升美的涵养。

幼儿园模拟讲课的几点尝试

模拟讲课作为一种全新的教研形式，已渐渐进入了我们的视野，并且成为在编教师考录、单位教师招聘、面试或者评估考核的重要方式，也是推进教师专业发展、提升教师专业技能的重要方式。

一、模拟讲课的概念

什么是模拟讲课？模拟讲课也称"无学生的上课"，它是一种将个人备课、教学研究与上课实践有机结合在一起的教研活动。它是讲课老师模拟讲课的情景，在没有学生的情况下把课堂教学中的过程用自己的语言描述、表现出来。

二、模拟讲课的特点

1. 竞争性：模拟讲课往往通过比赛形式与同行交流汇报，一般适用于招聘、考核教师时的面试考核。

2. 机智性：模拟讲课时，老师一般是在上课前一个小时内才知道自己要讲的内容，备课时间短，要求高，难度大，因此要想取得比较好的成绩，就需要一定的教学机智。

3. 技巧性：一节15～30分钟的课，在模拟讲课时要求7～12分钟完成，在这么短的时间内要让评委老师听得明白、听得清楚，深刻理解自己的教学设计，从而要从众多的选手中胜出，是需要掌握一定技巧和方法的。

4. 艺术性：由于是模拟讲课，没有面对面的学生配合，完全靠老师自编自导自演。不仅要演得有板有眼、像模像样、生动有趣、形象逼真，还要能够比较全面地体现讲课老师的教学理念新、教学手段佳、教学评价得当、教学机智灵活等多方面的素质，这无疑是一种艺术。

5. 新颖性：模拟讲课在新课改的背景下、环境中进行，必须体现新理念、新教法，特别是在比赛时，往往采用的是同一课题，只有做到更加新颖，才可能出奇制胜，脱颖而出，得到较好的评价。

三、模拟讲课与说课、上课的区别

（一）与说课的区别

如果是说课是一场"讲座"的话，既有满腹经纶的议论，也有精彩绝伦的演绎；那么模拟讲课是一出"话剧"，有波澜起伏的情节，也有绘声绘色的对话，只不过话剧的演员只有讲课老师一人（独角戏）。

说课通常要说教材分析、教学目标、重难点、教学方法、教学准备、教学过程等，不仅要说出"怎样教"，还要说清"为什么这样教"，要让听者不仅要知其然，还要知其所以然，比较侧重理性层面。

模拟讲课则是说课的延伸和补充，选取说课的教学流程部分并把它具体化，把教材的内容、教学准备、教学目标、重难点等通过模拟讲课而表现出来，更侧重于实践性。教师在模拟讲课过程中模仿实际教学，但没有学生的配合，需把15～30分钟的实际课堂教学在十几分钟之内展现出来。

（二）与真实上课的区别

模拟讲课是讲课老师模拟讲课的情景，在没有学生的情况下把课堂教学的过程用自己的语言描述出来。但是模拟讲课就是上课吗？模拟讲课跟上课最大的区别在哪里？对于模拟讲课我们的困惑是什么？是"对话"，是"互动"，是教师与学生之间的交流。

四、怎样进行模拟讲课？

（一）合理分配时间——优秀模拟讲课的前提

1. 合理分配准备时间。模拟讲课要求一般是7～12分钟，而前面的备课安排了40～60分钟。这段时间可以说是分秒必争，但更要有统筹安排。

（1）用5～10分钟熟悉教材，理解、分析教材和教学目标，因为这是你手头最有价值的资料，短时间内提炼出教学目标和需要解决的重难点，随后的教学过程设计围绕其展开。

（2）用30分钟左右来备课，重点是设计出各个教学环节的内容，如何将教学目标一一实现，通过何种方式解决教学重难点，同时设计学生可能出现的情况以及教师需要做出的回应。

（3）用10分钟左右自己整体尝试一下，调整部分不恰当步骤或对个别环节进一步完善。真正比赛的时候这一步基本上是没有时间来进行的。一是因为时间短，二是受备课的速度影响。

2. 合理分配上课时间。模拟讲课的时间通常只有7～12分钟，实用的导入比较可取，开门见山就可以了，如果你能设计出新颖、抓住评委眼球的导入更好，如果没有，实用一些比较好，不要太花哨。

要把握好上课的时间，首先要保证教学目标的实现，突出教学重难点的解决，保证教学过程的完整性。最好是提前1～2分钟结束，保持完整性的同时有一点留白。

（二）精彩的预设——优秀模拟讲课的基石

关键词：设计新颖、层次清晰。

设计新颖：模拟讲课是在新课改的背景下诞生的，必须体现新的理念、新的教法，特别是在竞赛中，同一课题只有更加新颖，才可能出奇制胜，脱颖而出，得到较好的评价，这需要提前做很多功课，如研究《3～6岁儿童学习与发展指南》《幼儿园工作规程》《山东省幼儿园一日活动指导意见》。

还有一点就是设计教案的时候避免简单的说教式，应该以学生探究为主，注重学生自身的感受、体验和操作。

层次清晰：由于模拟讲课缺少了学生的互动，一个环节与另一个环节之间所用的时间大大减少，留给评委们思考的时间也随之减少，所以要有清晰的教学思路，重点要突出，几个主要问题的解决过程要讲求实效，让听者清楚地了解我们是如何实现教学目标的，哪一个环节解决了一个什么问题，实现了目标里的哪一条，重难点是在哪里解决的，通过何种方式解决的。这是模拟讲课最应该要说清楚的。同时最好能清楚地展现学生可能出现的各种情形，生动真实地模拟讲课。

（三）有效的互动——优秀模拟讲课的关键

关键词：言语流畅、过渡巧妙。

有效的互动其实就是上课时对于学生的回应和评价，解决教师抛出的问题或者后面的环节过渡在模拟讲课中是非常重要的，有时候也是最能体现教师经验和水平的。

1. 复述法：采用复述的方法来体现师生互动，通过对学生的回答进行复述的形式向评委传递课堂信息，以达到有效互动的目的。它采用的关联语句可以是这样的。

（1）"就像这位小朋友说的，我们知道了……"

（2）"你是这样认为的……"

（3）"……嗯，这是你的想法。"

2. 评价法：采用评价的方法来体现师生互动，通过对学生的回答进行巧妙的评价，从而向评委传递课堂信息，以达到"有效"互动的目的。

评价学生的问题回答："你的想法我认为很有道理……""你说得可真棒，老师都想为你鼓掌了！"

评价学生的学习品质、学习习惯："你回答问题可真完整，刚才你一定听得很认真……""你观察得可真仔细……"

综合评价学生："你知道的可真多，我想你平时肯定是个喜欢读书的孩子……""你真是个有心的孩子，做你的妈妈一定很幸福！"

注意点：评价学生有针对性，不要泛泛而谈如"你真好，你真棒！"另外，要有选择地反馈，能突出本节课的目标解决、重难点的问题要重点反馈，切忌面面俱到。

3. 多媒体展示：采用多媒体展示的方法来体现师生互动，通过用PPT或者图片等形式展示（当然，这只是教师的几个手势或动作）学生的回答，从而向评委传递课堂信息，以达到有效互动的目的。

4. 总结、提升法：采用归纳总结的方法来体现师生互动，通过对学生的众多回答进行总结提升，体现教学目标的实现，以达到有效互动的目的。其实就是借助学生的回答完成小结。它采用的关联语句可以是这样的。

（1）"你们说得都非常好，对……"

（2）"刚才小朋友们都说了自己的看法，就是（阐明的道理、得出的结论、情感的升华）……有责任心的孩子或者帮助别人和得到别人的帮助都是快乐的。"

（四）流畅的课堂——优秀模拟讲课的灵魂

1. 思维流畅。对于每个领域大环节的要求、采用的具体策略、要达到的目标、环节之间的过渡与衔接、各环节在时间与形式上的侧重点……都要提前做到心中有数。

2. 语言流畅。可以拿着写好的稿子，因为准备时间特别短，如果无法保证脱稿，自然地看一看，尽量不要出现说一句停顿半句的情况。

（五）自如的教态——优秀模拟讲课的保证

1. 自信：模拟讲课时，老师一进入教育活动就要有充分的自信，给别人的第一感觉是这个老师精神状态不错，有精气神儿。评委老师一坐一整天，每个人都上同一节课，也是很枯燥的，一定要避免出现不自信的行为或胆怯的表现。同样一节教育活动，不同的人来组织效果是大不相同的。所以，要有气场，要超自信，你就觉得，我的设计是最好的，我的演示也是最好的！

要微笑，微笑是最美的语言；眼神要不躲闪，自然、坦荡，姿势、语气要得体、大方。

2. 激情：在模拟课堂上，如果老师没有一点感情，说话声音单一，语调平平淡淡，又怎么能调动学生的学习兴趣？老师在课堂上要热情，但是我们应该知道，老师在模拟讲课的时候不要太过，过于表现自我，或者为了表现而表现得哗众取宠，都是不可取的。

五、几个细节

仪表：服装、发型、妆容干净整洁、得体大方，如鞋子不要声响太大，鞋跟不要太高，避免奇装异服、浓妆艳抹，避免过于夸张的配饰，头发要整齐，不要挡着眼睛。

礼貌：开始问好，结束时道谢，在讲课过程中可以与评委有眼光交流。

姿势：可站可坐。通常都会准备小椅子、小桌子，老师依据个人的习惯而定。

语言、眼神要富有感染力，口齿要清楚，语气最好要有停顿和变化。而且不要有过多的口头禅。语言的感染力很重要，讲故事时的语气、评价孩子的语气，都要有不同的变化，感染评委，更重要的是感染自己，让自己投入其中！

卷尾语

亲爱的读者朋友，你也不妨去乘一乘儿童的船，跟他们在一起待一些时间，用儿童的眼光来看看世界……